NIVEL

3

COLECCIÓN **LEER EN ESPAÑOL**

Don Quijote de la Mancha II

Miguel de Cervantes

SANTILLANA ESPAÑOL

Universidad de Salamanca

La colección LEER EN ESPAÑOL ha sido concebida, creada y diseñada por el Departamento de Idiomas de Santillana Educación, S. L.

La adaptación de la obra ***Don Quijote de la Mancha II***, de Miguel de Cervantes, para el Nivel 3 de esta colección, es de **Rosana Acquaroni.**

Dirección y coordinación del proyecto: **Aurora Martín de Santa Olalla**
Actividades: **Lidia Lozano**
Edición: **M.ª Antonia Oliva**

Dirección de arte: **José Crespo**
Proyecto gráfico: **Carrió/Sánchez/Lacasta**
Ilustración de capítulos: **Jorge Fabián González**
Ilustración de mapa: **Jorge Arranz**
Jefa de proyecto: **Rosa Marín**
Coordinación de ilustración: **Carlos Aguilera**
Jefe de desarrollo de proyecto: **Javier Tejeda**
Desarrollo gráfico: **José Luis García, Raúl de Andrés**

Dirección técnica: **Ángel García**
Coordinación técnica: **Marisa Valbuena**
Confección y montaje: **Javier Figueras**
Cartografía: **José Luis Gil**
Corrección: **Ángeles García**
Documentación y selección de fotografías: **Mercedes Barcenilla**
Fotografías: **GARCÍA-PELAYO/Juancho; J. C. Muñoz; J. V. Resino; ORONOZ; BIBLIOTECA NACIONAL DE ESPAÑA/Laboratorio Biblioteca Nacional; REAL ACADEMIA ESPAÑOLA DE LA LENGUA, MADRID; ARCHIVO SANTILLANA**
Impresión: **BMK Pró Indústria Gráfica Ltda.**
Lote: **293686**

Grabaciones: **Textodirecto**

Torrelaguna, 60. 28043 Madrid
En coedición con Ediciones de la Universidad de Salamanca

Dados Internacionais de Catalogação na Publicação (CIP)
(Câmara Brasileira do Livro, SP, Brasil)

Cervantes, Saavedra, Miguel de, 1547-1616
Don Quijote de la Mancha II / Miguel de Cervantes. — São Paulo : Fundação Santillana, 2015. — (Colección leer en español)

1. Romance espanhol I. Título. II. Série.

15-01216 CDD-863.64

Índices para catálogo sistemático:
1. Ficção : Literatura espanhola 863.64

ISBN: 978-85-16-09809-4
CP: 125207

Santillana Español
Editora Moderna Ltda.
Rua Padre Adelino, 758 — Belenzinho
São Paulo — SP — Brasil — CEP 03303-904
www.santillanaespanol.com.br
2021

Impresso no Brasil

ÍNDICE

Cervantes y su obra

Miguel de Cervantes Saavedra (1547-1616) es el escritor más importante de la literatura española. Es, además, el autor español más conocido fuera de España.

En tiempos de Cervantes, España es un país cada vez más pobre y menos fuerte. Y el escritor vive la historia española en su propia carne: toma parte en las guerras contra los turcos y pierde una mano en la batalla de Lepanto. Pasa cinco años en Argel como prisionero de guerra. Ya de vuelta a España, solo consigue trabajos que apenas le dan dinero. En 1597 ingresa unos meses en la cárcel de Sevilla por problemas económicos. Allí empieza, posiblemente, a pensar en su famosa y gran novela *El ingenioso hidalgo don Quijote de la Mancha.*

Además de esta, Cervantes escribe, entre otras obras, las *Novelas ejemplares.* Estas se abren con sus famosas palabras: «Yo soy el primero que ha escrito novelas en lengua española».

Don Quijote de la Mancha

Es, sin duda, su obra más importante. Tiene dos partes: la primera se publicó en 1605 y tuvo mucho éxito desde el principio. La segunda apareció en 1615. Las dos partes son muy distintas, aunque poseen una estructura parecida. Después de los primeros capítulos, al protagonista le ocurren muchas aventuras. A la mitad del libro, los dos personajes principales se quedan en un lugar concreto (la venta, en la primera parte y el palacio de los duques, en la segunda). Y al final, don Quijote, triste y cansado, vuelve a su casa acompañado de su escudero.

Los protagonistas de la novela son don Quijote y Sancho Panza. El primero es un hidalgo pobre de un pueblo de la Mancha que se vuelve loco por leer libros de caballerías y decide hacerse caballero andante. El segundo es un campesino de su misma aldea que será su escudero y lo acompañará en casi todas sus aventuras.

La intencionalidad de *El Quijote*

Cervantes dice en su libro que escribe *El Quijote*, como se conoce popularmente su obra, para reírse de los libros de caballerías. Sin embargo, desde el Romanticismo esta novela se ha entendido, sobre todo, como una defensa de los grandes ideales del ser humano: la libertad, la valentía, la justicia y el amor, en un mundo donde ya se habían perdido. Además, *El Quijote* es un maravilloso retrato de la vida y de la sociedad española de su tiempo.

Las formas de tratamiento en *El Quijote*

Las formas de tratamiento en el español de los siglos XVI y XVII eran distintas a las actuales:

1. En lugar de *usted*, para el trato cortés se usaba *vuestra merced* (plural: *vuestras mercedes*) con el verbo en tercera persona: «¿Qué habitación busca vuestra merced?» (en vez de: «¿Qué habitación busca usted?»). De *vuestra merced* suele tratar Sancho a don Quijote.

2. En lugar de *tú*, para el trato entre iguales o para dirigirse a un inferior se usaba *vos* con el verbo en segunda persona del plural. *Vos* tiene siempre un matiz de cortesía: «Vos sois un majadero y un mal ventero» (en vez de: «Tú eres un majadero y un mal ventero»). Don Quijote suele tratar de *vos* a los labradores o a sus enemigos.

En plural se usaba *vosotros*, con el verbo en segunda persona del plural: «Perdonadme, hermosas damas».

3. *Tú* se utilizaba solamente en el trato muy familiar o con gente muy inferior: «¡Tú eres el escudero con más suerte del mundo!». De *tú* trata normalmente don Quijote a Sancho.

LA ESPAÑA DE
DON QUIJOTE DE LA
MANCHA II
FRANCIA
ESPAÑA
OCÉANO ATLÁNTICO
PORTUGAL
Mar
Mediterráneo
Canarias
MARRUECOS
ARGELIA
Zaragoza
Río Ebro
ARAGÓN
CATALUÑA
LA MANCHA
El Toboso
Río Guadiana
Cueva de
Montesinos
Lagunas
de Ruidera
MAR
MEDITERRÁNEO

CAPÍTULO I

EL CURA Y EL BARBERO[1] VISITAN A DON QUIJOTE

CUENTAN que, después de llevarle* a casa, el cura y el barbero estuvieron casi un mes sin ver a don Quijote. No querían recordarle las cosas pasadas. Sin embargo, no dejaron de visitar a su sobrina y a su ama[2]. Ellas seguían sus consejos, le cuidaban mucho y le daban de comer cosas buenas para el corazón y la cabeza, que era el origen de toda su mala suerte.

Así, con el paso del tiempo, don Quijote parecía no estar ya loco. Por eso, el cura y el barbero decidieron visitarle para ver si de verdad estaba mejor. Le encontraron sentado en la cama, vestido con una camisa interior de lana verde y un gorro de dormir rojo. Estaba muy delgado. Parecía que la carne se le había secado y que solo tenía piel y huesos.

---

* Se ha respetado el *leísmo* del autor. Este fenómeno consiste en el uso de *le* (pronombre complemento indirecto) en lugar de *lo* (pronombre complemento directo) para referirse a un objeto directo de persona de sexo masculino. Este empleo, que aparece en la literatura desde la Edad Media, se produce sobre todo en Castilla y León. Ha llegado hasta nuestros días y está admitido por la Real Academia Española.

Nuestro hidalgo[3] los recibió muy bien. Ellos le preguntaron por su salud y él les contestó con buenas razones y con muy elegantes palabras. Al oír hablar así a don Quijote, el cura y el barbero creyeron sin ninguna duda que estaba curado.

La sobrina y el ama, que estaban también presentes en la conversación, no dejaban de dar gracias a Dios por ver a su señor tan bien de la cabeza.

Pero el cura, que al principio no quería hablarle de cosas de caballerías[4], luego cambió de opinión. Quería saber si la curación de don Quijote era falsa o verdadera. Para ello, le contó algunas noticias que habían venido de la corte[5]. Entre otras, le dijo que todo el mundo cristiano tenía mucho miedo porque parecía que el Turco[6] se acercaba con una gran armada[7]. También le contó que el Rey había llevado sus ejércitos a las costas de Nápoles, Sicilia y la isla de Malta[8]. A esto respondió don Quijote:

–El Rey ha hecho muy bien. Así el enemigo[9] no le sorprenderá[10]. Pero, además, yo le puedo dar un fácil, justo y corto consejo.

Entonces, el barbero y el cura le preguntaron a don Quijote que cuál era ese consejo y este contestó:

–Que el Rey llame a todos los caballeros andantes[11] que hay por España para que vayan a la corte. Con solo media docena de ellos será suficiente para destruir todo el poder del Turco.

–¡Ay! –dijo en ese momento la sobrina–. ¡Creo que mi señor quiere volver a ser caballero andante!

–Caballero andante moriré –dijo don Quijote–, así que el Turco puede venir cuando quiera y como pueda.

–Pues yo no puedo creer –dijo el cura– que esos caballeros andantes sean reales, personas de carne y hueso en el mundo. Yo imagino que todo es ficción, cuento, mentira y sueños contados por hombres despiertos o medio dormidos.

–Es un error –respondió don Quijote– creer que no hay caballeros[12] así en el mundo. Yo casi puedo decir que vi a Amadís de Gaula[13] con mis mismos ojos, y que era un hombre alto, de cara blanca, con una larga barba negra, callado y tranquilo. Y del mismo modo se puede describir a todos los caballeros andantes que andan en las historias.

–¿Y cómo de grandes –preguntó el barbero– eran los gigantes[14]?

–En esto de los gigantes –respondió don Quijote– hay diferentes opiniones sobre si los ha habido o no en el mundo.

Entonces, oyeron que el ama y la sobrina, que ya habían dejado la conversación, daban grandes voces en el patio, y todos fueron hasta allí. Le estaban gritando a Sancho, que intentaba entrar para ver a don Quijote mientras ellas defendían[15] la puerta:

–¿Qué quiere este mostrenco[16] en esta casa? Idos a la vuestra, hermano, porque vos sois, y no otro, el que aleja del buen camino a mi señor y le lleva por esos mundos perdidos.

A esto respondió Sancho:

–Ama del diablo[17], es a mí al que alejan del buen camino, y no a tu amo[18]. Vosotras estáis muy equivocadas. Él me llevó por esos mundos. Él me sacó de mi casa con mentiras y me prometió una ínsula[19] que todavía estoy esperando.

–Ojalá te maten las malas ínsulas, Sancho –respondió la sobrina–. ¿Y qué son ínsulas? ¿Es alguna cosa de comer? ¡Eres un comilón[20]!

–No es de comer –contestó Sancho–, sino de gobernar.

–Pues no entraréis aquí, saco de maldad –dijo el ama–. Id a gobernar vuestra casa y a trabajar vuestras pocas tierras, y dejaos de esperar ínsulas o ínsulos.

Mucho se divertían el cura y el barbero al oír la conversación de los tres. Pero don Quijote tenía miedo de las muchas tonterías que Sancho podía empezar a decir. Por eso, le llamó y mandó callar a las dos mujeres. Entró Sancho, y el cura y el barbero se despidieron de don Quijote. Estaban muy preocupados por su salud, pues se habían dado cuenta de los locos pensamientos que todavía tenía. Y así dijo el cura al barbero:

–Ya veréis, amigo, que enseguida nuestro hidalgo sale otra vez a buscar aventuras.

–No lo dudo –respondió el barbero–, pero no me sorprende tanto la locura del caballero, sino lo simple que es el escudero[21], que se cree totalmente aquello de la ínsula.

–Veremos cómo terminan todos estos disparates[22] de caballero y escudero, pues los dos parecen iguales. Las locuras del señor no son nada sin las simples ideas del criado[23].

–Así es –dijo el barbero.

Mientras, don Quijote se metió con Sancho en su habitación y, ya solos, le dijo:

–Me da mucha pena, Sancho, que digas que yo te saqué de tu casa. Juntos salimos, juntos fuimos y juntos caminamos en busca de aventuras. Los dos hemos tenido la misma suerte. Si a ti te mantearon[24] una vez, a mí me golpearon ciento, y en eso te gano. Pero dejemos esto ahora. Ya habrá tiempo de hablarlo con más tranquilidad. Dime, Sancho amigo, qué dicen de mí por este lugar. ¿Qué opinión tienen de mí el pueblo, los hidalgos y los caballeros? Quiero, Sancho, que me digas qué ha llegado a tus oídos, sin poner ni quitar cosa alguna. Es de buenos escuderos decir a sus señores la verdad así como es.

–Eso haré yo con muchas ganas, señor mío –respondió Sancho–, si vuestra merced no se enfada por lo que diga.

–No me enfadaré –respondió don Quijote–. Bien puedes, Sancho, hablar libremente y sin rodeo alguno[25].

–Pues lo primero que digo es que el pueblo piensa que vuestra merced es un grandísimo loco y que yo soy un pobre tonto. Los hidalgos dicen que se cree caballero porque se pone el *don*, aunque no tiene dinero ni tierras suficientes para serlo. Y los caballeros no quieren que los hidalgos se comparen con ellos. Sobre sus hazañas[26], hay diferentes opiniones. Unos dicen: «loco, pero gracioso». Otros dicen: «valiente[27], pero desgraciado[28]». Y así piensan distintas cosas, pero ni a vuestra merced ni a mí nos dejan un hueso sano.

–Mira, Sancho –dijo don Quijote–. De todos los grandes y famosos hombres se dicen mentiras. Así que, ¡oh Sancho!, de mí también pueden decirlas.

–Pero es que todavía falta lo último y lo peor –dijo Sancho–. Si vuestra merced quiere saber todo sobre las mentiras que dicen, yo le traeré a alguien que las sabe todas. Anoche llegó el hijo de Bartolomé Carrasco, que viene de estudiar en Salamanca y que ya es bachiller[29]. Me dijo que ya estaba en libro la historia de vuestra merced. El título es *El ingenioso*[30] *hidalgo don Quijote de la Mancha*. Dice que hablan de mí con mi mismo nombre, Sancho Panza[31]. Y también hablan de la señora Dulcinea del Toboso, y de otras muchas cosas que pasamos solo nosotros y que no sé cómo pudo saber el que las escribió.

–Yo te digo, Sancho –dijo don Quijote–, que el que escribió nuestra historia seguramente es algún sabio encantador[32].

–Pues será –respondió Sancho–. Si vuestra merced quiere, yo puedo traer aquí al bachiller rápidamente.

–Me gustará mucho, amigo –dijo don Quijote.

–Pues yo voy a por él –respondió Sancho.

Y dejó allí a su señor para ir a buscar al bachiller.

CAPÍTULO II

CONVERSACIÓN ENTRE DON QUIJOTE Y EL BACHILLER SANSÓN[33] CARRASCO

MIENTRAS don Quijote esperaba al bachiller Carrasco, imaginaba que un sabio encantador, amigo o enemigo, había escrito su historia. Y así, en estos y en otros muchos pensamientos, estaba nuestro caballero cuando Sancho y Carrasco le encontraron. Don Quijote recibió al bachiller con mucha cortesía.

Aunque el bachiller se llamaba Sansón, no era muy grande. Tenía unos veinticuatro años. Era pálido, con la cara redonda, la nariz pequeña y la boca grande. Era muy inteligente y muy amigo de hacer bromas. Así, cuando vio a don Quijote, se puso de rodillas[34] delante de él y le dijo:

–Deme vuestra merced las manos, gran señor don Quijote de la Mancha. Pues es vuestra merced uno de los más famosos caballeros andantes que ha habido y habrá en toda la redonda tierra. Hizo bien el autor[35] al escribir vuestras hazañas para divertir a las gentes de todo el universo.

Don Quijote le hizo levantarse y le dijo:

–Entonces, ¿es verdad que hay una historia mía y que fue un sabio el que la escribió?

–Es verdad, señor –dijo Sansón–, y creo que ya hay más de doce mil libros de vuestra historia en Portugal, Barcelona y Valencia. También dicen que se está publicando en Amberes. Y a mí me parece que se va a publicar en todas las lenguas y países del mundo.

–Una de las cosas –dijo sobre esto don Quijote– que alegra más a un hombre bueno e importante es estar vivo, ver su historia escrita y saber que en ella se habla bien de él.

–Si es por su buena fama[36] y su buen nombre –dijo el bachiller–, solo vuestra merced gana a todos los caballeros andantes. El autor tuvo cuidado de pintar muy bien la valentía de vuestra merced.

–Pero dígame, señor bachiller –dijo don Quijote–. ¿De qué hazañas mías se habla mejor en esa historia?

–En eso –respondió el bachiller– hay diferentes opiniones, como hay diferentes gustos. Unos hablan de la aventura de los molinos[37] de viento que a vuestra merced le parecieron gigantes. Otros prefieren la de los dos ejércitos que después parecieron ser dos rebaños[38] de ovejas. Uno dice que la mejor es la de los galeotes[39]. Otro dice que ninguna es como la de la pelea con el valiente vizcaíno[40].

–Dígame, señor bachiller –dijo sobre esto Sancho–. ¿Entra ahí la aventura de los arrieros[41], cuando nuestro buen Rocinante quiso pedir algo imposible?

–El sabio no se dejó nada en el tintero[42] –respondió Sansón–. Todo lo dice y de todo toma nota. También habla de cómo saltaba el buen Sancho en la manta.

–No hay historia humana en el mundo –dijo don Quijote– sin momentos buenos y malos, sobre todo las que tratan de caballerías, pues nunca pueden estar llenas solo de éxitos.

–Con todo eso –respondió el bachiller–, algunos que han leído la historia dicen que su autor no debería hablar tanto de los muchos golpes que dieron al señor don Quijote en diferentes encuentros.

–Ahí está la verdad de la historia –dijo Sancho–. Seguro que entre los golpes de mi señor se encuentran también los míos. Pues los cardenales[43] que tengo todavía en las costillas no me dejan olvidarme de ellos.

–Callad, Sancho –dijo don Quijote–, y dejad hablar al señor bachiller. A él le pido por favor que siga adelante y me diga lo que se dice de mí en esa historia.

–Y de mí –dijo Sancho–, porque también dicen que yo soy uno de los principales *presonajes* de ella.

–Personajes, no *presonajes*, Sancho amigo –dijo Sansón–. Vos sois la segunda persona de la historia y hay quien prefiere oíros hablar a vos. Aunque algunos dicen que no debisteis creer que podía ser verdad el gobierno de aquella ínsula que os ofrecía el señor don Quijote, que está aquí presente.

–Todavía estamos a tiempo –dijo don Quijote–. Además, con la experiencia que dan los años, Sancho estará mejor preparado que ahora para ser gobernador.

–Por Dios, señor –dijo Sancho–, si no puedo gobernar la ínsula con los años que tengo, tampoco podré gobernarla cuando tenga los años de Matusalén[44]. La cosa es que la famosa ínsula nunca llega.

–Pedídselo a Dios, Sancho –dijo don Quijote–. No se mueve la hoja en el árbol si Dios no quiere.

–Eso es verdad –dijo Sansón–, porque si Dios quiere, no le faltarán a Sancho una o mil islas que gobernar.

–He visto gobernadores por ahí –dijo Sancho– que, en mi opinión, no me llegan a la suela del zapato[45].

–En fin –continuó Sansón–, es una historia muy clara y todo se comprende en ella. Los niños la tocan, los mozos[46] la leen, los hombres la entienden y los viejos se divierten con ella. Y finalmente, todo tipo de gente la ha leído y la conoce. Y en cuanto alguien ve algún rocín[47] flaco[48], le dice: «Allí va Rocinante».

–Y por casualidad –dijo don Quijote– ¿promete el autor segunda parte?

–Sí promete –respondió Sansón–, pero dice que no sabe cuándo saldrá. Porque algunos dicen: «Nunca segundas partes fueron buenas», y otros piensan: «De las cosas de don Quijote son suficientes las que están escritas».

–Mi amo y yo –dijo Sancho– le daremos a ese señor muchas aventuras para que pueda escribir no solo la segunda parte, sino cien. Si mi señor sigue mi consejo, pronto estaremos deshaciendo ofensas[49] y arreglando desgracias[50], como es costumbre de los buenos caballeros andantes.

Sancho no había acabado de decir esto cuando oyeron relinchos[51] de Rocinante y don Quijote pensó que anunciaban algo bueno. Por eso, decidió que iban a hacer otra salida dentro de tres o cuatro días. Así se lo dijo al bachiller y le preguntó que por dónde podía empezar su viaje. Este le respondió que podía ir a la ciudad de Zaragoza porque allí se iban a hacer unas importantes justas[52] por la fiesta de San Jorge.

–Aviso a mi señor don Quijote –dijo entonces Sancho– que si me lleva con él, yo sólo tendré que cuidar de su persona para que esté limpio y cómodo. Pero no tendré que poner mano a la espada[53] ni contra villanos[54] malandrines[55]. Yo, señor Sansón, no pienso alcanzar fama de valiente, sino del mejor escudero que nunca sirvió a caballero andante. Y si mi señor don Quijote quiere darme alguna ínsula por mis muchos y buenos servicios, estaré muy contento por ello. Y si no me la da, no me importa. Sancho nací y Sancho pienso morir.

Quedaron en esto y en que la salida sería de allí en ocho días.

–Para que nadie sepa mi sabia y valiente decisión, especialmente el cura, el barbero, el ama y mi sobrina, pido a vuestra merced que guarde el secreto[56] de mi salida –le dijo don Quijote al bachiller.

–Lo prometo –dijo Carrasco–. Y yo le pido que me avise de sus buenas o malas aventuras en cuanto tenga ocasión.

Y así se despidieron, y Sancho fue a preparar lo necesario para empezar su camino.

CAPÍTULO III

SANCHO SE DESPIDE DE SU MUJER

SANCHO llegó a su casa muy contento y alegre. Su mujer se dio cuenta desde lejos de su alegría y por eso le preguntó:

–¿Qué os pasa, Sancho amigo, que tan alegre venís?

Y él le respondió:

–Mujer mía, no estoy tan contento como parece.

–No os entiendo, marido –protestó ella.

–Mirad, Teresa –respondió Sancho–, yo estoy alegre porque he decidido volver a servir a mi amo don Quijote, que quiere salir por tercera vez a buscar aventuras. Y yo vuelvo a salir con él porque soy pobre, lo necesito y es mi obligación. Pero me pone triste tener que alejarme de ti y de mis hijos. La alegría que tengo está mezclada[57] con la tristeza de dejarte.

–Mirad, Sancho –contestó Teresa–, desde que estáis en la caballería andante, habláis dando mucho rodeo y nadie os entiende.

–Si me entiende Dios, es suficiente, mujer –respondió Sancho–, porque Él es el entendedor de todas las cosas. Y oídme, hermana, tenéis que cuidar mucho al burro[58] estos tres días. Dadle el doble de comida, pues tiene que estar preparado para llevar armas. Porque no vamos a una boda, sino a dar la vuelta al mundo[59], a pelear con gigantes y a entendernos con arrieros y con moros[60] encantados. Yo os digo, mujer, que me muera ahora mismo si no pienso que voy a ser muy pronto gobernador de una ínsula.

–Eso no, marido mío –dijo Teresa–, vivid vos y llévese el diablo todos los gobiernos del mundo. Sin gobierno salisteis de vuestra madre, sin gobierno habéis vivido hasta ahora y sin gobierno os iréis, u os llevarán, cuando Dios quiera. Y cuántos hay en el mundo que viven sin gobierno y no por eso dejan de vivir. La mejor salsa del mundo es el hambre y como esta no falta a los pobres, siempre comen con ganas. Pero mirad, Sancho, si por casualidad conseguís algún gobierno, no os olvidéis de mí y de vuestros hijos. Pensad que Sanchico tiene ya quince años y debe ir a la escuela. Mirad también que Mari Sancha, vuestra hija, se morirá si no la casamos. Pues me parece que quiere tener marido tanto como vos queréis tener gobierno.

–Te prometo que –respondió Sancho– si Dios me permite alcanzar un poco de gobierno, tengo que casar muy bien a Mari Sancha para que la tengan que llamar «señora».

–Eso no, Sancho –respondió Teresa–. Casadla con su igual. Es lo mejor. Si la sacáis de un «tú» a un «doña», la muchacha no se va a acostumbrar, se va a equivocar mil veces y se va a descubrir su origen.

–Calla, tonta –dijo Sancho–. Después de usarlo dos o tres años, se acostumbrará y será toda una señora. Y si no es así, ¿qué importa?

–No olvidéis, Sancho, que sois un labrador[61] –respondió Teresa–, y no queráis ser otra cosa. Traed vos dinero, Sancho, y dejad la boda en mis manos. Ahí está Lope Tocho[62], el hijo de Juan Tocho, mozo redondo y sano al que conocemos y sé que no mira con malos ojos[63] a la muchacha. Y con este, que es nuestro igual, estará bien casada, la tendremos siempre cerca y estaremos todos juntos, padres, hijos y nietos. Y la paz de Dios estará con nosotros.

–Ven aquí, animal –dijo Sancho–. Siempre he oído decir a mis mayores que el que no sabe tomar la suerte cuando le viene no debe protestar si se le pasa. No está bien que, ahora que está llamando a nuestra puerta, se la cerremos. ¿No te parece que estará bien encontrar algún gobierno para salir de nuestra pobreza? Y ¡no quedarnos siempre en el mismo lugar como estatuas! Pero no hablemos más de esto, porque Sanchica tiene que ser condesa[64].

–Si hacéis a mi hija duquesa[65] o princesa –respondió Teresa–, será sin mi permiso. Yo, hermano, siempre fui amiga de las bodas entre iguales. «Teresa» me llamaron, nombre corto y sencillo. Y por ser vuestra mujer, me llaman «Teresa Panza». Con este nombre estoy contenta, sin poner delante un *doña.* Vos, hermano, idos a ser *gobierno* o *ínsulo*. Mi hija y yo, por la gloria[66] de mi madre, no nos vamos a mover de nuestra aldea[67]: la mujer honrada, la pierna quebrada, y en casa[68]. Idos con vuestro don Quijote a vuestras aventuras y dejadnos a nosotras con nuestra mala suerte, que Dios nos la cambiará si somos buenas. Además, yo no sé quién le puso a él *don,* pues ni sus padres ni sus abuelos lo tuvieron.

–Ahora digo –gritó Sancho– que tienes el diablo en el cuerpo. ¡Cuántas cosas has mezclado, sin tener pies ni cabeza[69]! Ven aquí, mentecata[70] y tonta. Y así te puedo llamar porque no entiendes mis razones y no quieres ser feliz. Yo no digo que mi hija se tire desde una torre[71]. Te digo que en menos de un abrir y cerrar de ojos[72] le pongo un *doña* y deja de ser labradora, ¿por qué no lo permites y quieres lo que yo quiero?

–Yo no os entiendo, marido –contestó Teresa–. Hacedlo si queréis y no me rompáis más la cabeza con vuestras bonitas palabras y razones. Y si estáis *dividido* a hacer lo que decís…

–*Decidido* tienes que decir, mujer –dijo Sancho–, y no *dividido.*

–No os pongáis a discutir, marido, conmigo –respondió Teresa–. Yo hablo así, sin dar tanto rodeo. Y digo que si conseguís tener gobierno, os llevéis con vos a vuestro hijo Sancho para que desde ahora le enseñéis a tener gobierno. Pues está bien que los hijos aprendan los oficios de sus padres.

–Cuando tenga gobierno –dijo Sancho–, me lo llevaré rápidamente y te enviaré dinero, que no me faltará. Pues siempre hay alguien que le presta dinero a los gobernadores cuando no lo tienen. Y vístele bien para esconder lo que es y parecer lo que va a ser.

–Enviad vos dinero –dijo Teresa–, y yo os lo llenaré de vestidos.

–Entonces, estamos de acuerdo –dijo Sancho– en que nuestra hija será condesa.

–Ese día –respondió Teresa– será para mí como verla muerta. Pero otra vez os digo que lo hagáis si queréis. Las mujeres nacemos con esta obligación: obedecer a nuestros maridos tontos o listos.

Y en esto, Teresa comenzó a llorar mucho. Parecía que de verdad veía a Sanchica muerta y enterrada[73].

–No te preocupes, mujer –le dijo Sancho–, porque haré a Sanchica condesa lo más tarde posible.

Con esto se acabó la conversación y Sancho volvió a ver a don Quijote para organizar su salida.

CAPÍTULO IV

TERCERA SALIDA: LA LLEGADA AL TOBOSO

EN cuanto el ama vio que Sancho Panza se encerraba con su señor, se dio cuenta de que estaban preparando su tercera salida. Fue entonces a pedir ayuda al bachiller Sansón Carrasco. Llegó este a casa de don Quijote y abrazándole le dijo:

–Señor don Quijote mío, hermoso y valiente, salga vuestra merced mejor hoy que mañana.

Ama y sobrina se sorprendieron mucho de las palabras del bachiller mientras lloraban por la salida de su señor.

En tres días don Quijote y Sancho prepararon lo que les pareció necesario para el viaje. Al anochecer, se pusieron en camino[74] hacia el Toboso. Nadie los vio salir.

En esto, le dijo don Quijote a su escudero:

–Sancho amigo, se está haciendo de noche muy deprisa y está cada vez más oscuro para poder ver el Toboso, donde he decidido ir para visitar a mi señora Dulcinea antes de vivir otra aventura. Pues ninguna cosa de esta vida hace más valientes a los caballeros andantes que sentirse protegidos por sus damas[75].

–Yo así lo creo –respondió Sancho–, pero me parece que vuestra merced sólo podrá hablar o verse con ella desde las paredes del corral[76]. Por allí la vi yo la primera vez, cuando le llevé la carta donde iban las noticias de las tonterías y locuras que vuestra merced hizo en Sierra Morena.

–Sancho, ¿pensaste que aquellas paredes por donde viste a aquella elegante y hermosa dama eran de un corral? –dijo don Quijote–. Seguramente eran balcones de ricos palacios.

–Todo pudo ser –respondió Sancho–, pero a mí me parecieron paredes de corral, si la memoria no me falta.

–Seguramente –dijo don Quijote– algún mal encantador que me tiene envidia[77] cambia y vuelve diferentes las cosas que me alegran. ¡Oh envidia, raíz de todos los males!

En estas y otras parecidas conversaciones, se les pasó aquella noche y el día siguiente. No les ocurrió nada para poder contar y esto no le gustó a don Quijote.

Al anochecer del día siguiente, descubrieron la gran ciudad del Toboso[78]. Al ver la ciudad, se le alegró el corazón a don Quijote y se le puso triste a Sancho, porque no sabía dónde estaba la casa de Dulcinea. Nunca en su vida la había visto, como tampoco la había visto su señor.

Don Quijote y Sancho entraron en el Toboso a medianoche. Todo estaba en un tranquilo silencio porque los vecinos descansaban y dormían a pierna suelta[79], como suele decirse. Entonces, don Quijote dijo a Sancho:

–Sancho hijo, llévame al palacio de Dulcinea. Quizá la encontremos todavía despierta.

–¿A qué palacio tengo que llevar a vuestra merced –respondió Sancho–, si donde yo vi a su gran señora era una casa muy pequeña?

–Atiende, Sancho. O yo veo poco o aquella sombra grande que desde aquí se descubre seguramente es la del palacio de Dulcinea.

–Pues lléveme vuestra merced –respondió Sancho–. Quizá sea así, aunque yo no lo creeré ni cuando lo vea con mis ojos y lo toque con mis manos.

Don Quijote le llevó, y cuando habían andado como doscientos pasos, encontró aquello que hacía la sombra, y vio que era una gran torre. Enseguida se dio cuenta de que aquel edificio no era un palacio, sino la iglesia mayor del pueblo. Y dijo:

–Con la iglesia hemos topado[80], Sancho.

–Ya lo veo –respondió Sancho–, y pido a Dios que no demos con nuestra muerte, pues no es bueno andar por estos lugares a estas horas. Sobre todo, después de decirle a vuestra merced que la casa de esta señora tiene que estar en una estrecha calle sin salida.

–¡Qué decís, por Dios, mentecato! –dijo don Quijote–. ¿Dónde has visto tú castillos y palacios construidos en calles estrechas sin salida?

–Señor –respondió Sancho–, cada tierra tiene sus costumbres. Quizá aquí, en el Toboso, construyen los palacios y edificios grandes en calles estrechas.

–Habla con respeto, Sancho, de las cosas de mi señora –dijo don Quijote–, y tengamos la fiesta en paz[81].

–Así lo haré –respondió Sancho–. Pero ¿cómo quiere que yo encuentre a medianoche una casa que vi sólo una vez si vuestra merced, que seguramente la ha visto miles de veces, no la encuentra?

–Tú me vas a volver loco, Sancho –dijo don Quijote–. Ven aquí, mal cristiano. ¿No te he dicho mil veces que nunca, en todos los días de mi vida, he visto a la señora Dulcinea ni he cruzado las puertas de su palacio? Solo estoy enamorado de oídas[82] por la gran fama que tiene de ser hermosa y educada.

–Ahora lo entiendo –respondió Sancho–. Y digo que si vuestra merced no la ha visto, yo tampoco.

–Eso no puede ser –protestó don Quijote–. Tú me dijiste que la habías visto mientras trabajaba cuando me trajiste la respuesta de la carta que le llevaste.

–No haga caso de eso, señor –respondió Sancho–, porque quiero que sepa que también fue *de oídas* la visita y la respuesta que le traje.

–Sancho, Sancho –respondió don Quijote–, hay momentos para las bromas y hay momentos en las que estas sientan mal. Tú no tienes que decir que ni has hablado ni has visto a la señora de mi alma[83] porque yo lo digo. Pues eso no es cierto, como sabes.

Sancho, al ver a su señor bastante perdido y poco contento, le dijo:

–Señor, ya viene el día y para que no nos encuentre el sol en la calle, será mejor que nos vayamos fuera de la ciudad. Vuestra merced puede esconderse en algún bosque cercano y yo volveré después de buscar por todas partes la casa, el castillo o el palacio de mi señora. Cuando lo encuentre, hablaré con su merced y le diré dónde y cómo podrá verla sin perder su buen nombre y fama.

–Me gusta el consejo que ahora me has dado, Sancho –dijo don Quijote–, y lo recibo con muchas ganas. Ven, hijo, y vamos a buscar ese bosque. Luego, tú volverás como dices a buscar, ver y hablar a mi señora.

Sancho quería sacar rápidamente a su amo del pueblo. Don Quijote no podía descubrir que era mentira la respuesta que él le había llevado a Sierra Morena en nombre de Dulcinea. Así que se dio prisa en la salida. Luego, cerca del lugar encontraron un bosque, donde don Quijote se escondió mientras Sancho volvía a la ciudad para hablar con Dulcinea.

CAPÍTULO V

EL ENCANTAMIENTO DE DULCINEA

EN cuanto don Quijote se escondió en el bosque o selva junto al gran Toboso, mandó a Sancho volver a la ciudad.

–No vuelvas –dijo don Quijote– sin hablar primero en mi nombre con mi señora. Pídele que reciba a su caballero.

–Así lo haré –contestó Sancho– y le traeré tan buena respuesta como le traje la primera vez.

–Anda, hijo –dijo don Quijote–, y no te marees cuando te veas delante del sol de la hermosura que vas a buscar. ¡Tú eres el escudero con más suerte del mundo!

–Yo iré y volveré pronto –dijo Sancho–. Quédese tranquilo.

Entonces, el escudero se fue con su burro y don Quijote se quedó a caballo descansando, lleno de tristes y extraños pensamientos.

Así se sentía también Sancho Panza cuando se alejó de su señor. Por eso, en cuanto salió del bosque, volvió la cabeza y al no ver a don Quijote, se bajó del burro, se sentó debajo de un árbol y comenzó a hablar solo y a decirse:

–Sepamos ahora, Sancho hermano, adónde va vuestra merced. ¿Va a buscar algún animal que se le ha perdido?

–No, por cierto.

–Pues ¿qué va a buscar?

–Voy a buscar a una princesa.

–¿Y dónde pensáis encontrar eso que decís, Sancho?

–¿Dónde? En la gran ciudad del Toboso.

–Y bien, ¿para quién la vais a buscar?

–Para el famoso caballero don Quijote de la Mancha.

–¿Y sabéis dónde está su casa, Sancho?

–Mi amo dice que tiene que ser un palacio o un castillo.

–¿Y, por casualidad, la habéis visto alguna vez?

–Ni yo ni mi amo la hemos visto nunca.

–Sin embargo, todas las cosas tienen solución, menos la muerte. En mil detalles he visto que mi amo es un loco de atar[84], así que no será muy difícil encontrar a una labradora por aquí y hacerle creer que es la señora Dulcinea. Y cuando él no lo crea, lo prometeré yo. Y pensará que algún mal encantador de esos que él dice le ha cambiado la figura para hacerle mal y daño.

Con esto que pensó Sancho Panza, se quedó tranquilo. Allí esperó hasta la tarde. Así, don Quijote podía pensar que le había dado tiempo a ir y volver del Toboso. Y tuvo mucha suerte porque cuando se levantó para subir al burro, vio que se acercaban tres labradoras sobre tres burros o burras que venían del Toboso. En cuanto Sancho las vio, volvió rápidamente a buscar a su señor don Quijote, que cuando le vio, le dijo:

–¿Qué hay, Sancho amigo? ¿Qué noticias me traes?

–Muy buenas –respondió Sancho–. Sólo tiene que subir vuestra merced sobre Rocinante y salir del bosque para ver a la señora Dulcinea del Toboso. Viene a ver a vuestra merced con otras dos doncellas[85] suyas.

–¡Santo Dios! ¿Qué es lo que dices, Sancho amigo? –dijo don Quijote–. No me mientas, ni quieras alegrar con falsas alegrías mis verdaderas penas.

–¿Qué gano yo con mentir a vuestra merced? –respondió Sancho–. Venga, señor, y verá a la princesa, nuestra ama, que viene muy bien vestida, llena de joyas y acompañada por sus doncellas.

En esto, salieron del bosque y descubrieron cerca a las tres labradoras. Don Quijote buscaba con los ojos a las tres damas por todo el camino del Toboso. Pero como solo veía a las tres labradoras, se preocupó mucho y preguntó a Sancho que si las había dejado fuera de la ciudad.

–¿Cómo fuera de la ciudad? –respondió el escudero–. ¿Por casualidad tiene vuestra merced los ojos en la espalda, que no ve que son estas, las que vienen aquí?

–Yo sólo veo, Sancho –dijo don Quijote–, a tres labradoras sobre tres burros.

–¡Ahora me proteja Dios del diablo! –respondió Sancho–. ¿Y es posible que tres caballos blancos como la nieve le parezcan a vuestra merced burros?

–Pues yo te digo, Sancho amigo –dijo don Quijote–, que son burros o burras. O a mí así me lo parecen.

–Calle, señor –dijo Sancho–, no diga eso. Abra bien esos ojos y venga a saludar a la señora de sus pensamientos, que ya está cerca.

Y después de decir esto, Sancho se acercó para recibir a las tres labradoras. Se bajó del burro, se puso de rodillas en el suelo y dijo:

–Reina y princesa y duquesa de la hermosura, recibid a vuestro caballero. Allí está, duro como una piedra, todo mareado y sin aire, por verse tan cerca de vuestra maravillosa presencia. Yo soy Sancho Panza, su escudero, y él es el desgraciado caballero don Quijote de la Mancha, llamado también el Caballero de la Triste Figura.

Don Quijote ya se había puesto de rodillas y miraba sorprendido y con los ojos muy abiertos a aquella moza no muy hermosa y de cara redonda.

Las labradoras también estaban sorprendidas de ver a aquellos dos hombres tan diferentes de rodillas.

–Quítense del camino, y déjennos pasar, porque tenemos prisa –dijo una de ellas.

A lo que respondió Sancho:

–¡Oh princesa y señora universal del Toboso!

Al oír esto, otra de las labradoras dijo:

–Pero ¡mirad cómo se ríen los señoritos de las labradoras! Vayan por su camino, déjennos hacer el nuestro y les irá mejor.

–Levántate, Sancho –dijo en ese momento don Quijote–. Ya veo que la mala suerte no se cansa y aleja de mí toda alegría. Y tú, ¡oh única medicina para este triste corazón que te quiere con locura! El mal encantador que me sigue ha puesto nubes y nieblas en mis ojos y ha cambiado tu figura por la de una labradora pobre. Quizá también ha cambiado la mía por otra horrible. Si es así, yo te pido que no dejes de mirarme con amor.

–¡Por mi abuelo! –respondió la labradora–. ¡Amiguita soy yo de oír tonterías! Quítense, déjennos ir y les daremos las gracias.

Sancho las dejó ir. Estaba contentísimo de ver que su plan había salido bien.

La labradora que había hecho el personaje de Dulcinea le dio a su burra con un palo[86] que traía. Esta empezó a correr y a saltar por el prado hasta que tiró al suelo a la señora Dulcinea. Don Quijote fue enseguida a ayudar a su encantada señora. Pero ella le quitó ese trabajo a nuestro caballero porque se levantó del suelo sola. Luego, corrió, puso las dos manos sobre la burra y se montó sobre esta con una pierna a cada lado, como hacen los hombres.

Y entonces dijo Sancho:

–¡Por Dios! ¡Nuestra ama es más ligera que un pájaro! Y no lo son menos sus doncellas porque todas corren como el viento.

Luego, corrió, puso las dos manos sobre la burra y se montó sobre esta con una pierna a cada lado, como hacen los hombres.

Y así era de verdad porque al ver a Dulcinea sobre la burra, las otras dos labradoras corrieron detrás de ella. Don Quijote las siguió con la mirada y cuando ya no las veía, le dijo a Sancho:

–Sancho, ¿has visto cómo me odian los encantadores? No solo cambiaron a mi Dulcinea por la figura baja y fea de aquella labradora. También le quitaron el buen olor, que es algo muy típico de las señoras importantes que andan siempre entre suaves perfumes y flores. Porque te digo, Sancho, que cuando me acerqué a Dulcinea para subirla sobre su caballo, que a mí me pareció burra, me llegó un fuerte olor a ajos crudos.

–¡Oh canalla[87]! –gritó Sancho mientras intentaba no reírse al oír las tonterías de su amo–. ¡Oh encantadores desgraciados!, mucho sabéis, mucho podéis y mucho más hacéis.

Finalmente, después de otras muchas cosas que entre los dos hablaron, volvieron a subir en sus animales y siguieron el camino a Zaragoza.

CAPÍTULO VI

AVENTURA DEL CABALLERO DEL BOSQUE O DE LOS ESPEJOS

LA noche siguiente la pasaron don Quijote y su escudero debajo de unos altos árboles. Después de cenar y conversar, los dos se quedaron dormidos.

Había pasado poco tiempo cuando a don Quijote le despertó un ruido que sintió a sus espaldas. Se levantó asustado, y se puso a mirar y a escuchar de dónde venía el ruido. Vio que llegaban dos hombres a caballo. Uno de ellos se bajó de la silla y se acostó en el suelo.

Nuestro hidalgo se acercó a Sancho, que todavía dormía, le tomó del brazo, le despertó con no poco trabajo y le dijo en voz baja:

–Hermano Sancho, aventura tenemos.

–Ojalá Dios nos la dé buena –respondió Sancho–. ¿Y dónde está, señor mío, esa señora aventura?

–¿Dónde, Sancho? –contestó don Quijote–. Mira allí y verás a un andante caballero. Parece que no está demasiado alegre, porque le vi bajarse del caballo y acostarse en el suelo con bastante enfado. Y al caer, hicieron ruido sus armas. Pero escucha, porque parece que el caballero va a decir algo.

Entonces, con un ¡ay! que parecía salir de lo más profundo de su corazón, el Caballero del Bosque dijo con voz triste y herida:

–¡Oh Casildea de Vandalia[88], la más hermosa y la más ingrata[89] mujer que hay en la tierra! He obligado a todos los caballeros del mundo, también a los de la Mancha, a confesar[90] que eres la más hermosa señora del mundo. ¿No es esto suficiente para ti?

–Eso no –dijo don Quijote–, porque yo soy de la Mancha y nunca he confesado eso. Yo ni puedo ni debo confesar una cosa que va contra la hermosura de mi señora. Ya ves tú, Sancho, este caballero dice disparates.

Entonces, el Caballero del Bosque se dio cuenta de que estaban hablando cerca de él. Se puso de pie y dijo con voz alta, pero agradable:

–¿Quién está allí? ¿Qué gente? ¿Sois de los contentos o de los tristes?

–De los tristes –respondió don Quijote.

–Pues acérquese a mí –respondió el del Bosque–. Y sentaos, señor caballero, porque para entender que lo sois es suficiente para mí encontraros aquí, que es lugar natural de descanso para los caballeros andantes.

A lo que respondió don Quijote:

–Sí, caballero soy.

–¿Y por casualidad, señor caballero –preguntó el del Bosque a don Quijote–, estáis enamorado?

–Desgraciadamente lo estoy –respondió don Quijote–, aunque los daños que nacen del amor se deben tener como favores y no como desgracias.

–Eso es verdad –contestó el del Bosque.

Mientras los caballeros hablaban, el escudero del del Bosque tomó del brazo a Sancho y le dijo:

–Vámonos los dos para poder hablar como escuderos y dejemos a nuestros señores amos que se cuenten las historias de sus amores. Seguro que llega el día y todavía no las han acabado de contar.

Con esto se alejaron los dos escuderos. Hablaron y bebieron mucho y así se quedaron dormidos, los dos abrazados a la bota[91], que ya estaba casi vacía.

Mientras todo esto ocurría, el Caballero del Bosque le dijo a don Quijote:

–Señor caballero, quiero que sepáis que me enamoré de la hermosa Casildea de Vandalia. Pero esta pagó mis buenos pensamientos obligándome a entrar en peligrosas aventuras con la promesa de conseguir su amor. Y de todas mis hazañas, la más importante fue vencer en singular[92] batalla[93] a aquel famoso caballero don Quijote de la Mancha y obligarle a confesar que mi Casildea es más hermosa que su Dulcinea. Así puedo decir que con esta victoria he ganado a todos los caballeros del mundo porque el don Quijote que digo los ha ganado antes a todos. Y como yo le he ganado, me llevo su gloria y su fama.

–Habéis podido ganar a todos los caballeros del mundo, pero no a don Quijote de la Mancha. A lo mejor era otro que se le parecía, aunque pocos hay que se le parecen.

–¿Cómo que no? –dijo el del Bosque–. Peleé con don Quijote y le gané. Es un hombre alto, de cara delgada, con el pelo gris, nariz aguileña[94], bigotes grandes, negros y caídos. Pelea con el nombre del Caballero de la Triste Figura y trae como escudero a un labrador llamado Sancho Panza. Su famoso caballo se llama Rocinante. Y finalmente, tiene como señora de sus pensamientos a Dulcinea del Toboso, antes llamada Aldonza Lorenzo. Si todos estos detalles no son suficientes para creer lo que os digo, aquí está mi espada.

–Escuchad, señor caballero –respondió don Quijote–. Aquí está el mismo don Quijote que defenderá su verdad con las armas a pie o a caballo.

Y entonces se levantó y sacó la espada.

–Si una vez, señor don Quijote, pude ganaros –dijo con voz tranquila el del Bosque–, bien podré hacerlo otra vez. Pero no está bien que los caballeros crucen sus armas de noche, como los ladrones y malnacidos. Esperemos el día para que el sol vea nuestras obras. Y el ganador de nuestra batalla mandará sobre el perdedor.

–Estoy de acuerdo –respondió don Quijote.

Y después de decir esto, se fueron donde estaban sus escuderos. Los encontraron durmiendo, los despertaron y les mandaron preparar los caballos para la batalla.

Al oír esto, Sancho se quedó sin palabras. Estaba preocupado por la salud de su amo, pues había oído decir a su escudero que el Caballero del Bosque era muy valiente. Pero sin decir nada, los dos escuderos se fueron a buscar sus animales.

En el camino dijo el escudero del del Bosque a Sancho:

–Sepa, hermano, que nosotros tenemos que pelearnos también mientras lo hacen nuestros amos. Es una costumbre de Andalucía.

–Yo no he oído nunca a mi amo hablar de esa costumbre –respondió Sancho–, y sabe de memoria todas las leyes de la andante caballería.

En esto, empezó a salir el sol y lo primero que vio y asustó a Sancho Panza fue la nariz del escudero del del Bosque. Era grandísima, pues casi le hacía sombra a todo el cuerpo, y de color berenjena. Estaba toda llena de verrugas[95] y le bajaba dos dedos más abajo de la boca.

Don Quijote miró a su enemigo y le encontró con el casco ya puesto, por eso no le pudo ver la cara. Sin embargo, se dio cuenta de que era un hombre fuerte y no muy alto. Llevaba una chaqueta larga de una tela de oro llena de espejitos en forma de pequeñas lunas.

Todo lo miró don Quijote, pero no por eso sintió miedo como Sancho Panza. Entonces, los dos subieron al caballo y se alejaron para tomar la distancia necesaria y poder ir el uno contra el otro.

Sancho, que vio alejarse a su amo, no quiso quedarse solo con el escudero de la enorme nariz y le dijo a don Quijote:

–Le pido por favor a vuestra merced, señor mío, que me ayude a subir a aquel árbol. Las enormes narices de aquel escudero me tienen lleno de miedo, y no quiero estar junto a él.

–No me sorprende –dijo don Quijote–. Ven, te ayudaré a subir donde dices.

Mientras don Quijote ayudaba a Sancho a subir al árbol, el de los Espejos se alejó. Después, sin esperar ningún aviso, corrió con su caballo para encontrarse con su enemigo. Pero al verle ocupado en la subida de Sancho, paró de pronto en la mitad de la carrera. Don Quijote creyó que ya su enemigo venía volando y se puso a correr él también sobre Rocinante. Y se encontró al de los Espejos, que estaba quieto con su caballo e intentaba levantar su lanza[96]. Don Quijote iba con mucha fuerza y tiró al suelo al de los Espejos. La caída fue muy fuerte y parecía que estaba muerto porque no movía ni los pies ni las manos.

Don Quijote se bajó de Rocinante, se acercó al de los Espejos y le levantó el casco para ver si estaba muerto o vivo. ¿Y qué vio? Vio la cara misma, la misma figura, el mismo aspecto, la misma imagen del bachiller Sansón Carrasco.

–¡Ven, Sancho –gritó don Quijote–, y mira lo que tienes que ver y no lo que tienes que creer! ¡Date prisa, hijo, y mira el poder de los encantadores!

Llegó Sancho, y al ver la cara del bachiller Carrasco, comenzó a hacerse cruces[97] mil veces. Y le dijo a don Quijote:

–Meta, señor mío, la espada por la boca a este que parece el bachiller Sansón Carrasco. Quizá mate así a alguno de sus enemigos encantadores.

Ya estaba nuestro caballero sacando la espada cuando llegó el escudero del de los Espejos, ya sin las narices que le habían hecho tan feo, y dijo con grandes voces:

–Mire vuestra merced lo que hace, señor don Quijote, porque ese que tiene a los pies es el bachiller Sansón Carrasco, su amigo, y yo soy su escudero.

–¿Y las narices? –le preguntó Sancho.

A lo que él respondió:

–Aquí las tengo en el bolsillo.

Y sacó las enormes narices falsas. Sancho, que no dejaba de mirarle, dijo con voz alta y sorprendida:

–¡Santa María! ¿Este no es Tomé Cecial[98], mi vecino y mi amigo?

–¡Claro que lo soy! –respondió el escudero–. Pedid por Dios al señor vuestro amo que no toque, trate mal, hiera ni mate al Caballero de los Espejos, que tiene a sus pies. Porque sin duda alguna es el valiente y mal aconsejado bachiller Sansón Carrasco.

En esto, don Quijote, al ver que el de los Espejos se había despertado, le puso su espada encima de la cara y le dijo:

–Estáis muerto, caballero, si no confesáis que mi Dulcinea del Toboso le gana en hermosura a vuestra Casildea de Vandalia. Además, tenéis que prometer que si salís vivo de esta batalla, vais a ir a la ciudad del Toboso para presentaros a ella en mi nombre.

–Confieso –dijo el caído caballero– que vale más el zapato roto y sucio de la señora Dulcinea del Toboso que las barbas mal arregladas, aunque limpias, de Casildea. Y prometo ir y volver de su presencia a la vuestra para contároslo todo.

–También tenéis que confesar y creer –siguió diciendo don Quijote– que aquel caballero que ganasteis no fue ni pudo ser don Quijote de la Mancha. Era otro que se le parecía. Yo confieso y creo también que vos, aunque parecéis el bachiller Sansón Carrasco, no lo sois. Sois otro que se le parece y que me han puesto mis enemigos.

–Todo lo confieso y siento como vos lo creéis y sentís –respondió el casi muerto caballero–. Dejad que me levante, os pido, si es que lo permite el golpe de mi caída, que me tiene malherido.

Entonces, don Quijote y Tomé Cecial le ayudaron a levantarse. Y el de los Espejos y su escudero se marcharon con la intención de buscar algún lugar donde curarle las costillas.

Don Quijote y Sancho continuaron su camino a Zaragoza sin conocer la verdad de esta historia: que el Caballero de los Espejos era realmente el bachiller Sansón Carrasco. Este se había puesto de acuerdo con el cura y el barbero. Y habían decidido empujar a don Quijote a salir otra vez a buscar aventuras. El bachiller debía encontrarle, ganarle y obligarle a volver a su casa. Pensaban que era cosa fácil, pero no fue así.

El bachiller y Tomé Cecial llegaron a un pueblo, donde encontraron, por suerte, a un médico de huesos que curó al desgraciado Sansón Carrasco. Entonces, Tomé Cecial se volvió a su pueblo y el bachiller se quedó allí pensando cómo se iba a vengar[99] de nuestro hidalgo.

CAPÍTULO VII

AVENTURA DE LOS LEONES

IBAN don Quijote y Sancho por el camino, cuando el escudero se alejó un poco de su amo para comprar unos quesos frescos a unos pastores[100] que allí cerca estaban.

De repente don Quijote empezó a darle grandes voces. Le gritaba que quería su casco. Sancho se puso nervioso por la mucha prisa que tenía su amo y no sabía qué hacer con los quesos ni en qué llevarlos. Para no perderlos, pues ya los había pagado, decidió echarlos dentro del casco de su señor. Después, volvió para ver qué quería su amo. En cuanto llegó, le dijo don Quijote:

–Dame, amigo, ese casco porque o yo sé poco de aventuras o lo que descubro allí es alguna que me obliga a entrar y a tomar mis armas.

Lo que don Quijote veía venir por el camino era un carro[101] lleno de banderas[102] del Rey.

Nuestro caballero le pidió otra vez el casco a su escudero. Y Sancho, que no había tenido tiempo de sacar los quesos frescos, se lo tuvo que dar como estaba. Don Quijote lo tomó y sin ver lo que había dentro, se lo puso muy deprisa en la cabeza. Enseguida el líquido que salía de los blandísimos quesos empezó a correr por toda la cara y las barbas de don Quijote. Este se asustó y le dijo a Sancho:

–¿Qué será esto, Sancho, que parece que se me vuelve blando el cerebro[103] y se me sale, o que sudo[104] de los pies a la cabeza? Y si es que sudo, de verdad que no es de miedo. Dame, si tienes, algo para limpiarme porque tanto sudor me nubla los ojos.

Sancho se calló, le dio una tela y le dio gracias a Dios porque su señor no se había dado cuenta de lo que había ocurrido. Don Quijote se limpió y se quitó el casco para ver qué cosa era la que, en su opinión, le enfriaba la cabeza. Cuando vio aquellas cosas blancas dentro del casco, se las acercó a la nariz y al olerlas, dijo:

–Por la vida de mi señora Dulcinea del Toboso, lo que me has puesto aquí es queso fresco, desgraciado, sinvergüenza y mal escudero.

–Si son quesos frescos –respondió Sancho con mucha tranquilidad–, démelos vuestra merced. Yo me los comeré. Aunque es mejor que se los coma el diablo, que seguramente los puso ahí para enfadaros. Parece, señor, que también yo tengo encantadores que me siguen porque sirvo a vuestra merced.

–Todo puede ser –dijo don Quijote.

En esto, llegó el carro de las banderas, en el que solo venían el carretero[105] sobre las mulas[106] y otro hombre sentado delante.

–¿Adónde vais, hermanos? –preguntó don Quijote–. ¿Qué carro es este, qué lleváis en él y qué banderas son estas?

–El carro es mío –respondió el carretero–. Lo que va en él son dos salvajes leones, que el general de Orán envía al Rey. Las banderas son del Rey nuestro Señor, para avisar de que aquí va una cosa suya.

–¿Y son grandes los leones? –preguntó don Quijote.

–Nunca –respondió el hombre que iba en el carro– han pasado de África a España leones mayores ni tan grandes. Y yo soy leonero y he pasado otros, pero como estos, ninguno. Son hembra y macho.

El macho va en esta jaula[107] primera, y la hembra en la de atrás. Ahora tienen mucha hambre porque no han comido hoy. Por eso, aléjese vuestra merced, porque tenemos que llegar rápido para darles de comer.

–¿Leoncitos a mí?[108] –dijo don Quijote sonriendo un poco–. ¿A mí leoncitos y a estas horas? Pues, ¡por Dios! ¡Van a ver esos señores encantadores que aquí los envían si yo soy hombre que se asusta de los leones! Bajaos, buen hombre, y como sois el leonero, abrid esas jaulas y echadme esos animales fuera. En mitad de este campo les enseñaré quién es don Quijote de la Mancha.

Al ver que el leonero no abría las jaulas, don Quijote le gritó:

–¡Os prometo, don canalla, que si no abrís las jaulas inmediatamente, utilizaré esta lanza contra vos!

El carretero, que vio tan decidido a don Quijote, le dijo:

–Señor mío, por Dios, deje vuestra merced que, antes de abrir la jaula de los leones, yo desate las mulas y me ponga en lugar seguro con ellas. Si las matan, lo pierdo todo. Solo tengo este carro y estas mulas.

–Bájate –respondió don Quijote– y desata tus mulas, que enseguida verás que no era necesario.

El carretero se bajó y las desató deprisa, y el leonero dijo a grandes voces:

–Sepan todos los que están aquí que abro las jaulas y dejo libres a los leones porque me obliga este caballero.

–Le pido por favor, señor –dijo Sancho con lágrimas[109] en los ojos–, que deje esta aventura. La de los molinos de viento es una tontería al lado de esta. Mire, señor, que yo he visto entre los agujeros de la jaula una uña[110] de león verdadero y por su tamaño creo que el león tiene que ser mayor que una montaña.

–Por el miedo –respondió don Quijote– lo ves mayor que la mitad del mundo. Vete, Sancho, déjame. Y si aquí muero, ya sabes cuál es nuestro antiguo compromiso: irás a ver a Dulcinea, y no te digo más.

Sancho con su burro y el carretero con sus mulas se alejaron del carro y escaparon corriendo. Lloraba Sancho la muerte de su señor, pues aquella vez sin duda creía que esta llegaba entre las uñas de los leones. Protestaba por su mala suerte y por la mala hora en que pensó volver a servirle. Pero aunque lloraba y protestaba, no dejaba de darle al burro para alejarse pronto del carro.

Mientras el leonero abría la primera jaula, don Quijote estuvo pensando si era mejor hacer la batalla a pie o a caballo. Finalmente, decidió hacerla a pie, porque tenía miedo de asustar a Rocinante con los leones. Por esto, saltó del caballo, tiró la lanza, tomó el escudo[111] y sacó la espada. Poco a poco, con maravillosa energía y corazón valiente, se puso delante del carro, y en manos de Dios y de su señora Dulcinea.

Cuando el leonero vio a don Quijote ya preparado para entrar en batalla, abrió de par en par[112] la primera jaula, pues no quería probar la espada del enfadado y valiente caballero. Allí estaba el león macho. Era enorme y tenía una fea expresión que daba miedo. Lo primero que hizo fue levantarse y dar vueltas en la jaula. Abrió luego la boca muy despacio, sacó fuera su gran lengua[113] y se lavó con ella los ojos y la cara. A continuación, sacó la cabeza fuera de la jaula y miró a todas partes con los ojos que parecían de fuego. Sólo don Quijote lo miraba con atención. Nuestro caballero ya quería verlo saltar del carro y caer en sus manos. Pensaba hacerlo trozos. Hasta aquí llegaba su gran locura.

Pero el buen león, sin atender a tonterías, después de mirar a uno y otro lado, volvió las espaldas y enseñó su parte de atrás a don Quijote. Después, con gran tranquilidad, se volvió a acostar en la jaula. Al ver esto, don Quijote le dijo al leonero:

–Dele golpes y enfádelo para que salga fuera.

–Yo no haré eso –respondió el leonero–, porque si yo lo enfado, yo seré el primero al que hará trozos. Alégrese, vuestra merced, señor caballero, con lo que ya ha hecho, que es cosa de mucha valentía. El león tiene la puerta abierta: él puede salir o no salir. Y si no ha salido hasta ahora, no saldrá en todo el día. Un valiente caballero, en mi opinión, solo está obligado a esperar a su enemigo en el campo de batalla. Si este no va, la victoria es para el que espera.

–Eso es verdad –respondió don Quijote–. Cierra, amigo, la puerta, y cuenta lo que me has visto hacer aquí. Cuando tú abriste al león, yo lo esperé, él no salió, lo volví a esperar, volvió a no salir y se volvió a acostar. Mientras tú cierras, yo avisaré a los escapados para que les cuentes tú esta hazaña.

Así lo hizo el leonero, y don Quijote puso en la lanza la tela que había usado para limpiarse la cara de la lluvia de quesos frescos. Con ella comenzó a llamar a los que no dejaban de escapar y de volver la cabeza a cada paso.

Sancho, al ver la blanca tela, dijo:

–Que me maten si mi señor no ha ganado a los salvajes animales, pues nos está llamando.

Poco a poco se fueron acercando todos hasta donde estaba don Quijote. Finalmente, llegaron al carro y le dijo nuestro hidalgo al carretero:

–Volved, hermano, a atar vuestras mulas y a seguir vuestro viaje. Y tú, Sancho, dale dos monedas de oro para él y para el leonero.

Entonces el leonero, despacio y con mucho detalle, les contó el final de la aventura.

–¿Qué te parece esto, Sancho? –dijo don Quijote–. Los encantadores podrán quitarme la suerte, pero quitarme la valentía será imposible.

Sancho les dio las monedas, ató el carretero las mulas, y el leonero besó las manos a don Quijote por el favor recibido y le prometió contar aquella hazaña al mismo Rey.

–Pues si el Rey pregunta que quién la hizo, le diréis que el Caballero de los Leones. Pues quiero cambiarme el nombre que hasta aquí he tenido, el Caballero de la Triste Figura. Así hacían los antiguos caballeros andantes, que se cambiaban los nombres cuando querían.

El carro siguió su camino, y don Quijote y Sancho continuaron el suyo.

CAPÍTULO VIII

AVENTURA DE LA CUEVA[114] DE MONTESINOS[115]

POR el camino don Quijote y Sancho se encontraron con dos estudiantes y con dos labradores que iban a una gran boda y los invitaron a acompañarlos. Les contaron que la boda era la del labrador más rico de toda aquella tierra con la labradora más hermosa que han visto los hombres. Finalmente, nuestro caballero y su escudero aceptaron la invitación y estuvieron tres días con los novios.

Después, pidió don Quijote a uno de los licenciados un guía para llevarle a la cueva de Montesinos. Tenía muchas ganas de entrar en ella y ver con sus ojos si eran verdaderas las maravillas que se decían de ella por aquellas tierras.

–Le daré a un primo mío –dijo el licenciado–, que es un famoso estudiante y muy aficionado a leer libros de caballerías. Con mucho gusto le llevará hasta la boca de la misma cueva y le enseñará las lagunas[116] de Ruidera, famosas en toda la Mancha y en toda España.

Los tres se despidieron de todos y se pusieron en camino hacia la famosa cueva de Montesinos. Entre conversación y conversación se fue aquel día. Pasaron la noche en una pequeña aldea que estaba muy cerca de la cueva de Montesinos. Allí compraron las cuerdas[117] que necesitaban para atar a don Quijote y bajar a la cueva.

A las dos de la tarde del día siguiente, llegaron a la cueva. Esta tenía una boca grande y ancha, aunque estaba escondida detrás de muchas ramas secas y malas hierbas. Al verla, se bajaron de sus animales el primo, Sancho y don Quijote. Luego, los dos primeros ataron fuertemente a nuestro hidalgo con las cuerdas. Mientras lo hacían, le dijo Sancho:

–Mire vuestra merced, señor mío, lo que hace. No se quiera enterrar en vida.

–Ata y calla –respondió don Quijote–. Esta aventura, Sancho amigo, estaba guardada para mí.

Y entonces dijo el guía:

–Le pido a vuestra merced, señor don Quijote, que mire bien y observe con mucho cuidado lo que hay allí dentro.

Después, don Quijote se puso de rodillas y rezó en voz baja al cielo para pedir ayuda a Dios en esta nueva y peligrosa aventura. Luego, dijo en voz alta:

–¡Oh clarísima señora Dulcinea del Toboso! Por tu increíble hermosura, te pido que me escuches: dame tu favor y tu cuidado, que tanto necesito. Yo voy a bajar al fondo de esta cueva sólo para que el mundo sepa que si tú me ayudas, no habrá nada imposible para mí.

Después de decir esto, se acercó a la boca de la cueva. Vio que para poder entrar tenía primero que sacar la espada y empezar a cortar todas aquellas ramas y malas hierbas. Al oír el ruido de la espada, salieron de ella muchos y grandísimos pájaros negros que tiraron al suelo a don Quijote.

Finalmente, se levantó y al ver que ya no salían más pájaros, empezó a bajar hasta el fondo de la horrible cueva. Mientras, Sancho hacía mil cruces sobre él y decía:

–¡Dios te acompañe y te devuelva libre y sano!

Don Quijote les pedía más cuerda y ellos se la daban poco a poco. Cuando ya no le podían dar más, pues la habían soltado toda, dejaron de oír las voces de nuestro hidalgo. Entonces, decidieron esperar media hora y recoger la cuerda para volver a subir a don Quijote. Como al empezar a tirar de ella, no sentían ningún peso, imaginaron que don Quijote se había quedado dentro. Sancho lloraba amargamente y seguía tirando de la cuerda. Pero cuando habían recogido más de la mitad, sintieron peso y se alegraron muchísimo. Finalmente, vieron salir a don Quijote de la cueva.

–Sea vuestra merced muy bienvenido –le gritó Sancho–, señor mío. Ya pensábamos que se quedaba allí abajo para siempre.

Pero don Quijote no respondía. Cuando le sacaron totalmente, vieron que tenía los ojos cerrados y parecía estar dormido. Le acostaron en el suelo y le desataron, pero no se despertaba. Sin embargo, como le movieron y le empujaron tanto, después de un buen rato se despertó de su profundo sueño. Miró a una y otra parte asustado y dijo:

–Que Dios os lo perdone, amigos, pues me habéis sacado de la más rica y agradable vida y vista que ningún humano ha visto ni vivido. ¡Oh infeliz Montesinos! ¡Oh malherido Durandarte! ¡Oh desgraciada Belerma! ¡Oh Guadiana que lloras, y vosotras, hijas de Ruidera, que tanto habéis llorado!

El primo y Sancho escuchaban con mucha atención las dolorosas palabras de don Quijote. Y este les empezó a contar lo que en la cueva de Montesinos había visto:

–A unos metros de la entrada de esta cueva hay, a mano derecha, un gran espacio donde entra una pequeña luz por unos agujeros. Como ya estaba cansado de bajar, decidí quedarme allí a descansar un poco. Me senté sobre la cuerda que había recogido mientras pensaba cómo podía llegar al fondo de la cueva. Y de repente y sin querer, me quedé profundamente dormido. Después, sin saber cómo, me desperté y me encontré en mitad del más hermoso y agradable prado que puede dar la naturaleza. Abrí bien los ojos, me

Y de repente y sin querer, me quedé profundamente dormido.

los limpié y vi que no dormía, sino que estaba despierto realmente. Delante de mí había un gran palacio o castillo. Sus paredes parecían de claro cristal. Se abrieron dos grandes puertas y por ellas salió un respetable anciano que vino hacia mí. Lo primero que hizo fue abrazarme, y luego decirme: «Hace mucho tiempo, valiente caballero don Quijote de la Mancha, que los que aquí estamos encantados esperamos verte. Queremos que cuentes al mundo lo que encierra esta profunda cueva. Ven conmigo, señor clarísimo, que te quiero enseñar las maravillas que esconde mi castillo, pues yo soy el mismo Montesinos». Entonces el respetable anciano me metió en el palacio de cristal. Y me contó su historia y la de su primo Durandarte, su señora Belerma, su escudero Guadiana, su dueña[118] Ruidera y sus siete hijas y dos sobrinas. Y me explicó cómo todos habían sido encantados por el sabio Merlín[119], aquel francés encantador que dicen que era hijo del diablo. Vi el sepulcro[120] de Durandarte, y oí a este respirar y hablar como hacen los vivos. Y vi también a su señora Belerma gritar y llorar de dolor.

En ese momento dijo el primo:

–Yo no sé, señor don Quijote, cómo vuestra merced ha visto tantas cosas en tan poco tiempo.

–¿Cuánto hace que bajé? –preguntó don Quijote.

–Poco más de una hora –respondió Sancho.

–Eso no puede ser –protestó don Quijote–, porque allí se hizo de noche y salió el sol tres veces. Entonces, es que he estado tres días en aquella oscura cueva.

–Seguramente dice la verdad mi señor –dijo Sancho–. Como todas las cosas que le han ocurrido son por encantamiento, lo que a nosotros nos parece una hora allí abajo parecen tres días.

–Así será –respondió don Quijote–. ¿Qué dirás cuando te diga que, entre las muchas cosas y maravillas que me enseñó Montesinos, estaban las tres labradoras que encontramos a la salida del Toboso? En cuanto las vi, supe que una de ellas era mi señora Dulcinea del Toboso.

Cuando Sancho Panza oyó decir esto a su amo, no sabía si volverse loco o morirse de risa.

–En esto –siguió contando don Quijote–, se acercó una de las dos compañeras de mi Dulcinea y con los ojos llenos de lágrimas, me dijo en voz baja: «Mi señora Dulcinea del Toboso besa a vuestra merced las manos y le pide por favor que le preste seis reales[121]». Como me sorprendió el recado, le pregunté al señor Montesinos: «¿Es posible que los encantados importantes tengan necesidades?». Él me respondió: «Créame, vuestra merced, señor don Quijote de la Mancha, la necesidad a todos alcanza y no perdona ni a los encantados». Así que le di los cuatro reales que tenía y se fue.

–¡Oh, santo Dios! –dijo Sancho con una gran voz–, ¿es posible que los encantadores y encantamientos tengan tanta fuerza y cambien la buena cabeza de mi señor en gran locura?

–Hablas así porque me quieres, Sancho –dijo don Quijote–. Al no tener experiencia en las cosas del mundo, todas las cosas difíciles te parecen imposibles. Pero como ya te he dicho otras veces, con el tiempo te contaré algunas de las cosas que he visto allí abajo y tendrás que creer las que aquí he contado.

CAPÍTULO IX

AVENTURA DEL BARCO ENCANTADO

DEJARON los tres la cueva de Montesinos y siguieron su camino. Un poco antes del anochecer, llegaron a una venta[122] donde pasaron la noche. Al día siguiente, el primo se despidió para volver a su tierra. Y don Quijote decidió ir a ver las orillas del río Ebro antes de entrar en la ciudad de Zaragoza.

Unos días después, don Quijote y Sancho llegaron al río Ebro. A nuestro hidalgo le gustó mucho mirar sus agradables orillas y sus ricas, claras y tranquilas aguas. Su alegre vista le trajo a la memoria mil amorosos pensamientos. Sobre todo, estuvo pensando una y otra vez en lo que había visto en la cueva de Montesinos. Él seguía creyendo que todo era verdad y no mentira, como Sancho pensaba.

Iban, pues, así cuando don Quijote vio un pequeño barco que estaba atado a un tronco de árbol que había en la orilla. Nuestro caballero miró a todas partes y no vio a nadie. E inmediatamente se bajó de Rocinante y mandó hacer lo mismo a Sancho. El escudero empezó a atar los dos animales al tronco que allí había.

–Señor, ¿por qué razón bajamos aquí de repente y atamos a los animales? –preguntó Sancho.

–Tienes que saberlo, Sancho: este barco que está aquí me está llamando. Me está invitando a entrar en él y a ir en él para ayudar a algún caballero o a alguna persona importante que seguramente está en peligro. Este es el estilo que usan los encantadores en los libros de caballerías. Cuando algún caballero está metido en algún asunto difícil y necesita la ayuda de otro caballero que está lejos, le traen en una nube o le ponen delante un barco para que entre en él. En menos de un abrir y cerrar de ojos le llevan, o por los aires o por el mar, donde quieren y donde es necesaria su ayuda. Así que, ¡oh Sancho!, este barco está puesto aquí para lo mismo. Ata, pues, juntos al burro y a Rocinante y que la mano de Dios nos lleve, pues yo no dejaré de embarcarme[123] por nada del mundo.

–Pues si es así –respondió Sancho– y vuestra merced quiere seguir haciendo disparates, yo le obedeceré y bajaré la cabeza. Pero sin embargo, quiero avisar a vuestra merced. A mí me parece que este barco no es de los encantados, sino de algunos pescadores de este río.

Sancho decía esto mientras terminaba de atar los animales y los dejaba allí con todo el dolor de su alma.

–Ya están atados –dijo Sancho–. ¿Qué tenemos que hacer ahora?

–¿Qué? –respondió don Quijote–. Embarcarnos y cortar la cuerda que ata este barco.

Don Quijote dio un salto en él. Sancho le siguió y cortó la cuerda. El barco se fue alejando poco a poco de la orilla. Cuando Sancho se vio ya dentro del río, comenzó a temblar[124] de miedo y a llorar amargamente.

–¿A qué tienes miedo, ser cobarde[125]? –le dijo don Quijote muy enfadado–. ¿Por qué lloras, corazón de mantequilla? ¿Quién te sigue, alma de ratón? ¿No vas sentado como un duque por las aguas tranquilas de este agradable río, de donde saldremos pronto al ancho mar?

–Yo no creo nada de eso –respondió Sancho–. No nos hemos alejado casi nada de la orilla y nos movemos muy despacio.

En esto, descubrieron unos grandes molinos de agua que estaban en la mitad del río. En cuanto don Quijote los vio, dijo en voz alta a Sancho:

–¿Ves? Allí, ¡oh amigo!, se descubre la ciudad, castillo o palacio donde seguramente está algún caballero o alguna reina o desgraciada princesa que necesitan mi ayuda.

–¿Qué diablos de ciudad, palacio o castillo dice vuestra merced, señor? –dijo Sancho–. ¿No ve que aquellos son molinos de agua que están en el río?

–Calla, Sancho –dijo don Quijote–. Aunque parecen molinos, no lo son. Ya te he dicho que los encantadores cambian el aspecto de todas las cosas, como ocurrió con el encantamiento de Dulcinea.

En esto, el barco entró en la mitad del río y comenzó a moverse no tan lentamente como hasta allí. Los molineros vieron venir aquel barco por el río e ir hacia las ruedas de los molinos. Por eso, muchos de ellos salieron enseguida con palos largos para pararlo. Como salían con la cara y el vestido llenos de harina, tenían mal aspecto. Además, daban grandes voces y decían:

–¡Hombres del diablo!, ¿dónde vais? ¿Queréis morir y haceros trozos en estas ruedas?

–¿No te dije yo, Sancho –dijo entonces don Quijote–, que habíamos llegado donde te voy a enseñar la valentía de mi brazo? ¡Mira qué malandrines se me acercan, mira cuántos seres horribles vienen contra mí, mira cuántas feas caras nos quieren asustar! Pues, ¡ahora veréis, canallas!

Y de pie en el barco con grandes voces comenzó a decir a los molineros:

–Mala gente, dejad libre a la persona que tenéis encerrada en vuestro castillo o cárcel. No importa si es alta o baja, rica o pobre, mala o buena, pues yo soy don Quijote de la Mancha, llamado también «el Caballero de los Leones». Y los altos cielos me mandan dar un final feliz a esta aventura.

Y mientras decía esto, sacó su espada y comenzó a moverla en el aire contra los molineros. Estos, que no entendían aquellas tonterías que decía don Quijote, se pusieron a parar el barco con sus palos porque ya estaba entrando en las ruedas del molino.

Al parar el barco de repente, don Quijote y Sancho se cayeron al agua. Don Quijote sabía nadar, pero el peso de las armas le llevó al fondo del río dos veces. Entonces, los molineros se tiraron al agua para sacarlos a él y a Sancho.

Cuando ya estaban en tierra, más mojados que muertos de sed, Sancho se puso de rodillas, con las manos juntas y los ojos hacia el cielo, y pidió ayuda a Dios. Desde ese momento quería alejarse de las peligrosas ideas de su señor.

En esto, llegaron los pescadores que eran los dueños del barco. Al verlo roto y hecho trozos por las ruedas de los molinos, fueron a quitarle la ropa a Sancho y a pedir a don Quijote dinero por el barco. Don Quijote, con gran tranquilidad, les dijo a los molineros y pescadores:

–Les pagaré el barco con gusto si dejan libre a la persona o personas que tienen encerradas en aquel castillo.

–¿Qué personas o qué castillo dices –respondió uno de los molineros–, hombre sin cabeza?

–¡Se acabó! –dijo para él don Quijote–, es inútil pedir nada a este canalla. En esta aventura seguramente se han encontrado dos valientes encantadores y uno deshace lo que el otro hace. Uno me trajo el barco y el otro me tiró al agua. Que Dios lo arregle. Yo ya no puedo más.

Nuestro hidalgo levantó más la voz y mientras miraba a los molinos, siguió diciendo:

–Amigos que en esta cárcel os quedáis encerrados, perdonadme. Por mi desgracia y por la vuestra yo no os puedo sacar de vuestra desventura. Seguramente esta aventura está guardada para otro caballero.

Después de decir esto, se puso de acuerdo con los pescadores y les pagó cincuenta reales por el barco. Sancho se los dio con muy pocas ganas mientras decía:

–Con dos viajes más como este, perderemos todo nuestro poco dinero.

Los pescadores y molineros miraban sorprendidos a aquellas dos extrañas figuras. No podían entender las palabras y preguntas que don Quijote les hacía. Todos pensaron que estaban locos. Los dejaron y volvieron a sus trabajos. Don Quijote y Sancho volvieron tristes a recoger sus animales. Y este fin tuvo la aventura del barco encantado.

CAPÍTULO X

DON QUIJOTE Y SANCHO EN EL PALACIO DE LOS DUQUES

DON Quijote y Sancho se subieron a sus animales y se pusieron en camino. Y así, sin hablar palabra, se alejaron del famoso río.

Otro día ocurrió que don Quijote vio gente a lo lejos en un verde prado. Se acercó y comprendió que eran cazadores. Se acercó más todavía y entre ellos descubrió a una elegante señora sobre un caballo blanquísimo con una silla de plata.

Y así, dijo a Sancho:

–Corre, hijo Sancho, y di a aquella señora que va en un caballo blanco y lleva una silla de plata que yo, el Caballero de los Leones, beso las manos a su gran hermosura. Y dile también que, si me lo permite, se las iré a besar yo mismo y a servirla cuando quiera.

Sancho se fue corriendo y llegó donde estaba la hermosa cazadora. Se bajó del burro, se puso de rodillas y le dijo:

–Hermosa señora, aquel caballero que aparece por allí, llamado «el Caballero de los Leones», es mi amo, y yo soy su escudero Sancho Panza. Este Caballero de los Leones, que antes se llamaba el de la Triste Figura, me manda pedirle permiso para servir a vuestra elegante y hermosa persona. Si se lo da, gran señora, él se pondrá muy contento.

–Levantaos del suelo, amigo –respondió la señora–. No es justo que esté de rodillas el escudero del famoso Caballero de la Triste Figura. Hasta aquí han llegado las noticias de sus hazañas. Levantaos, buen escudero, y decid a vuestro señor que venga y nos acompañe a mí y al duque, mi marido, a una casa de campo que aquí tenemos.

Sancho se levantó. Estaba sorprendido por la hermosura, la mucha educación y cortesía de la buena señora y, sobre todo, porque le había dicho que ya conocía a su señor. Entonces, le preguntó la duquesa:

–Decidme, hermano escudero, este vuestro señor ¿no es el protagonista de una historia que se titula *Del ingenioso hidalgo don Quijote de la Mancha*? Y ¿no tiene por señora de su alma a una dama llamada Dulcinea del Toboso?

–Es el mismo, señora –respondió Sancho–, y aquel escudero suyo que anda en esa historia, que se llama Sancho Panza, soy yo.

–De todo eso yo me alegro mucho –dijo la duquesa–. Id, hermano Panza, y decid a vuestro señor que será bienvenido a mis estados.

Con esta agradable respuesta, Sancho volvió muy contento adonde estaba su amo. Le contó todo lo que la gran señora le había dicho y le habló con sus simples palabras de su hermosura, elegancia y cortesía. Don Quijote se preparó y fue a besar las manos a la duquesa.

Mientras don Quijote llegaba, la duquesa mandó llamar al duque su marido. Le contó toda la conversación que había tenido con Sancho. Los duques habían leído la primera parte de esta historia y habían entendido que don Quijote estaba loco. Por eso, querían conocerle y le esperaban con grandísimo gusto. Pensaban darle la razón en todo y tratarle como a un caballero andante con todas las ceremonias[126] acostumbradas en los libros de caballerías, que ellos solían leer.

En esto, llegó don Quijote sobre Rocinante. Sancho se acercó enseguida para ayudarle a bajar de su caballo. Pero desgraciadamente, al bajarse del burro, el escudero se enredó[127] con una cuerda de la silla y se quedó colgado con la boca y el pecho en el suelo. A la vez, don Quijote, que pensaba que Sancho ya había llegado para ayudarle a bajar, echó todo el cuerpo hacia delante y se cayó al suelo, con silla y todo.

Los cazadores fueron a ayudar al caballero y al escudero, pues así se lo pidió el duque. Levantaron a don Quijote, que estaba dolorido por la caída. Y este, como pudo, fue a ponerse de rodillas delante de los duques. Pero el duque no solo no se lo permitió, sino que se bajó de su caballo para abrazar a don Quijote.

–Valiente príncipe –dijo don Quijote–, no importa si yo estoy caído o levantado, a pie o a caballo. Siempre os serviré a vos y a mi señora la duquesa, reina de la hermosura y universal princesa de la cortesía.

–¡Cuidado, mi señor don Quijote de la Mancha! –dijo el duque–, porque la hermosura de mi señora doña Dulcinea del Toboso no se puede comparar con otras hermosuras. Venga, gran caballero, a un castillo mío que está aquí cerca. Allí le recibiremos como solemos recibir a todos los caballeros andantes que a él llegan.

Entonces, Sancho colocó bien la silla a Rocinante. Don Quijote subió en él y el duque en su hermoso caballo. A la duquesa la pusieron en medio y todos se fueron al castillo.

El duque quiso llegar primero a la casa de campo o castillo para explicar a todos sus criados cómo tenían que tratar a don Quijote. Cuando llegó nuestro hidalgo con la duquesa a las puertas del castillo, inmediatamente salieron unos elegantes criados que levantaron rápidamente en brazos a don Quijote. Después, al entrar en un gran patio, llegaron dos hermosas doncellas y echaron sobre los hombros de don Quijote una riquísima tela. En un instante se llenó todo el patio de criados y criadas de aquellos señores, que decían a grandes voces:

–¡Bienvenido sea la flor y nata[128] de los caballeros andantes!

Y todos echaban perfumes sobre don Quijote y sobre los duques. Don Quijote estaba sorprendido. Aquel fue el primer día que se sintió un verdadero caballero andante, y no fantástico, porque le trataban del mismo modo que a los caballeros de los libros de caballerías que él había leído.

Luego, llevaron a don Quijote a una sala decorada con telas riquísimas de oro y de plata. Seis doncellas le quitaron las armas. Después de desarmarle, don Quijote se quedó con poca ropa delante de aquellas doncellas, que intentaban no reírse. Luego, con la ayuda de Sancho, se vistió con la ropa que ellas le dieron.

Llegaron entonces doce criados para llevarle a comer a otra sala donde estaba puesta una rica mesa para cuatro. La duquesa y el duque salieron a la puerta para recibirle. Iba con ellos un importante religioso, de estos que gobiernan las casas de los príncipes.

El duque invitó a don Quijote a sentarse en el mejor lugar de la mesa. Aunque al principio nuestro hidalgo no quería, finalmente aceptó. Entonces, se pusieron a conversar. La duquesa le preguntó que qué noticias tenía de la señora Dulcinea y que si él le había enviado en aquellos días algunos gigantes o malandrines como regalo.

–Señora mía –respondió don Quijote–, mis desgracias, aunque tuvieron principio, nunca tendrán fin. A gigantes y malandrines he ganado y le he enviado, pero ¿dónde la iban a encontrar, si está encantada y ahora parece la más fea labradora que se puede imaginar?

–No sé –dijo Sancho Panza–, a mí me parece la más hermosa señora del mundo.

–Pero ¿vos la habéis visto encantada, Sancho? –preguntó el duque.

–¡Pues claro! –respondió el escudero.

El religioso, al oír hablar de gigantes, malandrines y encantamientos, se dio cuenta de que aquel era seguramente don Quijote de la Mancha. El duque solía leer su historia, aunque él muchas veces se enfadaba y le decía que era un disparate leer esos disparates.

–¿Y por casualidad –preguntó el religioso– sois vos, hermano, aquel Sancho Panza que dicen, a quien su amo le ha prometido una ínsula?

–Sí soy –respondió Sancho–, y soy quien la merece[129] tanto como otros.

–Por supuesto, Sancho amigo –dijo el duque–, y yo, en nombre del señor don Quijote, os mando el gobierno de una buena ínsula que tengo.

–Ponte de rodillas, Sancho –dijo don Quijote–, y besa los pies del señor duque por el regalo que te ha hecho.

Así lo hizo Sancho. El religioso, al verlo, se levantó de la mesa muy enfadado y dijo:

–No sé decir quién es más tonto: si vos, señor duque, o estos pobres hombres. ¡Cómo no van a estar ellos locos si los que están cuerdos[130] permiten sus locuras!

Y sin decir más ni comer más, se fue. El duque intentó evitarlo, aunque el enfado del religioso le parecía muy divertido.

Finalmente, la comida se acabó. Los duques y don Quijote se quedaron un rato en la mesa hablando de muchas cosas de la caballería andante. Y después, el duque y nuestro hidalgo se fueron a dormir la siesta.

Sancho, aunque tenía la costumbre de dormir cuatro o cinco horas de siesta, pasó la tarde hablando con la duquesa y sus doncellas porque esta así se lo había pedido. Entre otras muchas cosas, Sancho le contó con detalle la aventura de la cueva de Montesinos.

Las graciosas palabras del escudero trajeron la risa y la alegría a la duquesa. Más tarde le envió a descansar y ella fue a contarle al duque lo que habían hablado. Entre los dos decidieron hacer una broma a don Quijote al estilo de los libros de caballerías.

CAPÍTULO XI

EL DESENCANTAMIENTO DE DULCINEA Y LOS AZOTES[131] DE SANCHO

EL duque y la duquesa se divertían mucho cuando conversaban con don Quijote y Sancho Panza. Y decidieron hacerles la broma con la aventura de la cueva de Montesinos que les habían contado. Y así, les dijeron a sus criados todo lo que tenían que hacer.

Seis días después, los llevaron a cazar a un bosque que estaba entre dos altísimas montañas. Los cazadores se colocaron en distintos lugares y comenzó la caza. Y así pasaron el día y se hizo de noche.

De pronto, pareció que todo el bosque estaba encendido. Luego, se oyó por aquí y por allí el sonido de muchos instrumentos de guerra. Parecía que muchos ejércitos a caballo estaban pasando por el bosque. Después, se oyeron muchísimos gritos, como los que dan los moros cuando entran en las batallas. Se sorprendieron el duque, la duquesa y don Quijote. Tembló Sancho. Y se quedaron todos en silencio. En esto, un mensajero a caballo, que iba vestido de diablo, les pasó por delante. Tocaba un enorme cuerno[132] que hacía un ruido fuerte y desagradable.

–Hola, hermano mensajero –dijo el duque–, ¿quién sois, adónde vais, y qué gente de guerra es la que parece que cruza por este bosque?

–Yo soy el Diablo –respondió el mensajero con voz profunda y horrible–. Vengo a buscar a don Quijote de la Mancha. La gente que viene por aquí trae sobre un carro a la señora Dulcinea del Toboso. Viene encantada y acompañada de un sabio encantador que va a explicar al Caballero de los Leones cómo tiene que desencantar a su señora.

Después de decir esto, tocó el enorme cuerno y se fue sin esperar respuesta de ninguno.

–¿Piensa vuestra merced esperar, señor don Quijote? –le dijo el duque.

–Pues, claro –respondió él–. Aquí esperaré valiente y fuerte a todo el infierno si es necesario.

En esto, se oscureció más la noche y comenzaron a moverse muchas luces por el bosque, que parecían estrellas que corren. A estas se sumaron unos horribles ruidos. Parecía que había varias batallas al mismo tiempo. Por allí, se oía el duro sonido de las armas de fuego. Cerca sonaban los gritos de los soldados.

Finalmente, el ruido se hizo muy fuerte y don Quijote tuvo que poner todo su corazón para poder soportarlo. Pero Sancho no pudo y se cayó al suelo desmayado[133] sobre las faldas de la duquesa, que le recibió en ellas. Rápidamente esta mandó traer agua para echarle en la cara. Así se hizo y Sancho se despertó.

De repente, se paró el ruido y empezaron a oír una agradable música. Apareció un gran carro y sobre él un alto trono[134] donde iba sentada una ninfa[135] vestida con mil telas de plata y espejitos de oro. Aunque sobre la cara traía una delgada tela de seda, se podía descubrir la hermosísima cara de una doncella de unos diecisiete o dieciocho años.

Junto a ella venía una figura vestida con una ropa larga y elegante que le llegaba a los pies. Sobre la cabeza llevaba una tela negra.

En cuanto el carro llegó donde estaban los duques y don Quijote, se paró la música. La figura de la elegante ropa se puso en pie y se quitó la negra tela de la cara. Entonces, descubrieron claramente que aquella figura era la misma muerte, desagradable y fea. Don Quijote se preocupó y Sancho se asustó. Esta muerte viva se levantó y comenzó a decir con voz algo dormida y lengua no muy despierta:

–Yo soy Merlín, el que llaman hijo del diablo. ¡Qué gran mentira de los tiempos! Pues mi naturaleza es blanda, amorosa y amiga de hacer el bien a todas las gentes. Hasta las cuevas oscuras del dios de los infiernos, donde mi alma estaba, llegó la dolorosa voz de la hermosa Dulcinea del Toboso. Así conocí su encantamiento y su desgracia: pasar de elegante dama a pobre labradora. Me dio pena y después de consultar cien mil libros de mi ciencia, encontré la manera de acabar con tan gran dolor. ¡Oh tú, gloria y ejemplo de los caballeros andantes, estrella de España! A ti te digo, a ti, valiente don Quijote de la Mancha. Para que la señora Dulcinea del Toboso vuelva a ser la más elegante dama, es necesario que Sancho tu escudero se dé tres mil trescientos azotes en sus valientes posaderas[136].

–¡Qué decís! –dijo Sancho–. ¡Qué modo de desencantar es ese! ¡Yo no sé qué relación pueden tener mis posaderas con los encantamientos! Si el señor Merlín no ha encontrado otra manera de desencantar a la señora Dulcinea del Toboso, ¡por Dios que se podrá ir encantada hasta el sepulcro!

–Yo, don villano –dijo don Quijote–, os ataré a un árbol, sin ropa, como vuestra madre os trajo al mundo. Y os daré no tres mil trescientos, sino seis mil seiscientos azotes muy bien dados. Y no me protestéis, u os sacaré el alma.

Al oír esto, dijo Merlín:

–No puede ser así. Los azotes que tiene que recibir el buen Sancho deben ser voluntarios, no por obligación, y cuando él quiera. Aunque si quiere recibir la mitad de los azotes, se los puede dar otra mano distinta.

–¡Ni otra ni mía! –protestó Sancho–. A mí no me va a tocar ninguna mano. ¿Soy yo, por casualidad, parte de la señora Dulcinea del Toboso para que paguen por ella mis posaderas? El señor mi amo sí que es parte suya, pues la llama «mi vida», «mi alma»... Y él debe hacer todo lo necesario para su desencantamiento. Pero ¿azotarme yo...? ¡De ninguna manera!

En cuanto Sancho acabó de decir esto, la ninfa de plata que venía junto a Merlín se levantó y se quitó la delgada tela de la cara. A todos les pareció muy hermosa, y con una voz que no parecía de dama, le dijo a Sancho:

–¡Oh desgraciado escudero, de corazón duro como las piedras! No te están diciendo, ladrón y sinvergüenza, que te tires al suelo desde una alta torre, ni te están pidiendo que comas una docena de insectos y serpientes. Tampoco quieren que mates a tu mujer y a tus hijos. Entonces ¿por qué pareces tan enfadado y cobarde? Por solo tres mil trescientos azotes no debes dejarme como una pobre labradora. Y si ahora no lo parezco, es un favor que me ha hecho el señor Merlín. Date, date en esas carnes, animal salvaje, que solo piensa en comer, y devuélveme mi hermosura. Y si no quieres hacerlo por mí, hazlo por tu amo, ese pobre caballero que tienes a tu lado y que está esperando tu respuesta.

–¿Qué decís vos a esto, Sancho? –preguntó la duquesa.

–Digo, señora –respondió Sancho–, lo que ya he dicho: que de azotes, nada de nada.

–Pues entonces, amigo Sancho –dijo el duque–, no seréis gobernador. ¡Cómo voy a enviar yo a un gobernador cruel[137], de duro corazón, que no se mueve cuando ve llorar a las doncellas u oye las palabras de antiguos encantadores y sabios! En resumen, Sancho, no seréis gobernador si no os dais u os dan los azotes.

–Señor –respondió Sancho–, ¿no me pueden dar dos días para pensarlo mejor?

–No, de ninguna manera –dijo Merlín–. Aquí, en este instante y en este lugar, tiene que quedar decidido. Si no, Dulcinea volverá a la cueva de Montesinos otra vez como labradora.

–Venga, buen Sancho –dijo la duquesa–, acordaos del pan que habéis comido del señor don Quijote y decid que sí, hijo, a estos azotes.

–¡Venga, pues! –dijo Sancho–. Acepto darme los tres mil trescientos azotes, pero me los daré cuando yo quiera.

En cuanto Sancho dijo estas últimas palabras, la música volvió a sonar y don Quijote se colgó del cuello de su escudero para darle mil besos en la cara. La duquesa y el duque y todos los que allí estaban se pusieron muy contentos.

El carro comenzó a caminar. Al pasar por delante de los duques, la hermosa Dulcinea bajó la cabeza con respeto y después, se puso casi de rodillas para saludar a Sancho.

Y ya en esto, vino la primera luz del día, alegre y graciosa. Los duques, que estaban muy contentos por la caza y por la aventura vivida, se volvieron a su castillo con la idea de seguir con sus bromas, que tanto les gustaban.

CAPÍTULO XII

AVENTURA DE CLAVILEÑO

LOS duques, con ayuda de sus criados, prepararon otra broma a don Quijote y Sancho.

Un día, mientras estaban todos en el jardín, de repente, se oyó una tristísima música. Vieron entonces llegar a un personaje de cuerpo agigantado, que iba todo vestido de negro y tenía una larguísima barba blanca.

Este les explicó que era el escudero de la condesa Trifaldi, también llamada «la dueña Dolorida». Dijo que la condesa venía del reino de Candaya para hablar con el valiente caballero don Quijote de la Mancha. Por eso, estaba esperando a la puerta del castillo. El duque le dijo al escudero que ya conocían a la desgraciada condesa Trifaldi y que, por supuesto, le daban permiso para entrar.

Llegó entonces la condesa con sus doce dueñas. Todas iban vestidas de negro y con unas delgadas telas que les tapaban[138] la cara. Los duques y don Quijote salieron a recibirla. La condesa se puso de rodillas, pero el duque la levantó y la sentó al lado de la duquesa. Entonces, la Dolorida empezó a contar su triste historia.

Ella era la dueña principal de la reina doña Maguncia y había cuidado de su hija Antonomasia. Cuando la hermosa niña cumplió catorce años, se enamoró de don Clavijo, un joven caballero que estaba en la corte y que se había ganado la amistad de la condesa. Así pudo entrar muchas veces en la habitación de Antonomasia, con la promesa de casarse con ella, hasta que esta se quedó embarazada.

Finalmente, los amantes consiguieron casarse sin el permiso de sus padres. Cuando la reina doña Maguncia lo supo, se enfadó mucho y murió tres días después de celebrarse la boda.

En cuanto la enterraron, por encima del sepulcro de la reina, apareció, sobre un caballo de madera, el gigante Malambruno, primo hermano de Maguncia. Como castigo[139] por la muerte de su prima, encantó a don Clavijo y a Antonomasia sobre el mismo sepulcro. Los convirtió[140] en una mona[141] y en un horrible cocodrilo, los dos de metal. Y allí escribió lo siguiente: «Para que estos dos amantes vuelvan a tener su primera forma, el valiente manchego[142] tiene que pelear conmigo en singular batalla».

Después de hacer este encantamiento, el gigante Malambruno también castigó cruelmente a la condesa y a sus doce dueñas. Llenó sus lisas y suaves caras de una dura barba.

En ese momento, la condesa y sus dueñas se levantaron la tela y enseñaron sus horribles caras. Luego, la condesa le explicó a don Quijote y a todos los presentes que aquella noche Malambruno les iba a enviar su caballo de madera. El caballo, que se llamaba Clavileño, podía volar por los aires y llevar a don Quijote y a su escudero al reino de Candaya, donde los esperaba el gigante para la batalla.

En esto, llegó la noche y con ella el momento exacto en el que el famoso caballo Clavileño debía llegar. Entonces, de repente, entraron por el jardín cuatro hombres salvajes, que iban todos vestidos con verdes hojas. Sobre sus hombros traían un gran caballo de madera. Lo pusieron de pie en el suelo y uno de los salvajes dijo:

–Si alguien no tiene miedo, que suba sobre esta máquina[143]. Este caballo los llevará por los aires adonde los espera Malambruno. Y para que el alto camino no les produzca mareos, tienen que taparse los ojos hasta terminar su viaje.

Después de decir esto, los salvajes dejaron a Clavileño y con aire elegante se volvieron por donde habían venido. Don Quijote aceptó encantado ir en el caballo y pelear con el gigante. Sin embargo, Sancho no estaba tan convencido. Tenía miedo y no quería acompañarle. Finalmente, el duque le repitió la promesa del gobierno de la famosa ínsula y le convenció.

Antes de subir, don Quijote se llevó a Sancho entre unos árboles del jardín, le tomó las dos manos y le dijo:

–Ya ves, Sancho hermano, el largo viaje que nos espera y quién sabe cuándo volveremos de él. Y por eso, quiero pedirte que te vayas a tu habitación. Y allí, en un abrir y cerrar de ojos, te darás los tres mil trescientos azotes que has prometido.

–¡Por Dios! –dijo Sancho–, ¿ahora que tengo que ir sentado en una madera dura quiere vuestra merced que me haga daño en las posaderas? Vamos ahora a afeitar a estas dueñas. Yo le prometo a vuestra merced que cuando volvamos, me daré los azotes. Y no le digo más.

Don Quijote respondió:

–Pues con esa promesa, buen Sancho, voy contento. Y creo que la cumplirás porque, aunque tonto, eres hombre de palabra.

Y con esto fueron hacia Clavileño para subirse en él. Y al subir, dijo don Quijote:

–Subid, Sancho, y tapaos, Sancho.

–Vamos, señor –dijo el escudero–, porque las barbas y lágrimas de estas señoras las tengo metidas en el corazón, y no comeré hasta verlas sin pelo.

Y así, sin discutir más, nuestro hidalgo y su escudero subieron sobre Clavileño. Después, les taparon los ojos. En cuanto don Quijote puso los dedos en el caballo, todas las dueñas y los que allí estaban levantaron las voces y dijeron:

–¡Dios te acompañe, valiente caballero!

–¡Dios esté contigo, buen escudero!

–¡Ya, ya vais por esos aires!

–¡Cuidado, valiente Sancho! ¡No te muevas tanto porque te puedes caer!

Cuando Sancho oyó las voces, se acercó mucho a su amo, le abrazó fuerte y le dijo:

–Señor, ¿cómo dicen estos que vamos tan altos, si nos llegan sus voces y parece que están hablando aquí junto a nosotros?

–No pienses en eso, Sancho. Y no me abraces tanto, porque me tiras al suelo. La verdad es que no sé de qué te asustas. En todos los días de mi vida no he subido a un caballo de paso tan tranquilo. Parece que no nos movemos de un lugar. No tengas miedo, amigo. Las cosas van como tienen que ir y el viento nos ayuda.

–Eso es verdad –respondió Sancho–, porque por este lado me da un viento muy fuerte. Parece que lo hacen mil fuelles[144].

Y así era, pues con unos grandes fuelles les estaban haciendo aire.

–Sin duda alguna, Sancho. Seguramente ya llegamos a la segunda región del aire[145]. Allí nacen el granizo y las nieves. Y si vamos subiendo, pronto estaremos en la región del fuego.

Entonces, les calentaron la cara acercándoles fuego.

Sancho, que sintió el calor, dijo:

–Que me maten si no estamos ya en el lugar del fuego o bien cerca, porque una gran parte de mi barba se me ha quemado.

El duque y la duquesa y los que estaban en el jardín oían todas estas conversaciones de los dos valientes y se divertían mucho con ellas. Y entonces, para dar fin a la extraña y bien fabricada aventura, encendieron la cola[146] de Clavileño. Al momento, como el caballo estaba lleno de cohetes tronadores[147], voló por los aires con un fuer-

Al momento, como el caballo estaba lleno de cohetes tronadores, voló por los aires con un fuerte ruido.

te ruido. Don Quijote y Sancho se cayeron al suelo medio quemados.

Luego, se levantaron muy doloridos y miraron a todas partes. Cuando vieron que estaban en el mismo jardín y que había mucha gente desmayada por el suelo, se sorprendieron mucho. Y creció más su sorpresa cuando vieron a un lado del jardín un papel atado a una lanza. En él, con grandes letras de oro, estaba escrito lo siguiente:

El famoso caballero don Quijote de la Mancha puso fin y acabó la aventura de la condesa Trifaldi, también llamada la dueña Dolorida, con solo intentarla.

–¡Venga, buen señor –dijo entonces don Quijote al duque–, la aventura ya ha terminado sin daño para nadie!

El duque, que poco a poco había vuelto de su pesado sueño, leyó el cartel con los ojos medio cerrados. Luego, fue a abrazar a don Quijote y le dijo que era el mejor caballero que había visto nunca.

Mientras, Sancho buscaba a la Dolorida para ver cómo era su cara sin las barbas. Pero le dijeron que la Trifaldi y sus doce dueñas habían desaparecido con la cara ya sin pelo en cuanto Clavileño había caído al suelo. La duquesa, entonces, le preguntó a Sancho que cómo le había ido en aquel largo viaje.

–Yo, señora –respondió Sancho–, sentí que íbamos volando por el lugar del fuego, como mi señor me decía. Entonces, me destapé un poco los ojos con cuidado y sin el permiso de mi amo. Y me vi en el alto y gran cielo. Íbamos por donde están las siete cabrillas[148]. Sin decir nada a nadie, tampoco a mi señor, me bajé de Clavileño y me puse a jugar con las cabrillas casi tres cuartos de hora. Y Clavileño no se movió del lugar ni siguió adelante.

–Y mientras el buen Sancho pasaba allí el rato –preguntó el duque–, ¿qué hacía el señor don Quijote?

–De mí puedo decir que ni me destapé los ojos, ni vi el cielo ni la tierra, ni el mar ni las arenas. Y aunque es verdad que sentí que pasaba por la región del aire y que tocaba la del fuego, no pudimos llegar al cielo, donde están las siete cabrillas que Sancho dice, sin quemarnos. Así que o Sancho miente o Sancho sueña.

–Ni miento ni sueño –respondió Sancho.

Los duques no quisieron preguntarle más de su viaje al escudero. Les pareció que Sancho quería seguir paseándose por todos los cielos y contar todo lo que allí pasaba, aunque no se había movido del jardín.

En resumen, este fue el fin de la aventura de la dueña Dolorida que hizo reír a los duques no solo en aquel momento, sino durante toda su vida.

En esto, se acercó don Quijote a Sancho y le dijo al oído:

–Sancho, si vos queréis que crea lo que habéis visto en el cielo, yo quiero que vos creáis lo que yo vi en la cueva de Montesinos. Y no os digo más.

CAPÍTULO XIII

LOS CONSEJOS DE DON QUIJOTE A SANCHO

LOS duques estaban muy contentos después de la feliz y graciosa aventura de la Dolorida. Por eso, decidieron seguir adelante con sus bromas.

Y así, el duque dio a sus criados las órdenes que debían seguir con Sancho en el gobierno de la ínsula prometida. Y al día siguiente del vuelo de Clavileño, el duque le dijo a Sancho que debía prepararse para ser gobernador. Sus insulanos[149] le estaban esperando como agua de mayo[150].

–Y yo espero –le dijo el duque– que seáis un buen gobernador, pues vuestra cabeza así lo promete.

En esto, llegó don Quijote. Y al saber que Sancho tenía que marcharse enseguida a su gobierno, con el permiso del duque, le tomó de la mano y se fue con él a su habitación. Tenía la intención de aconsejarle cómo debía realizar su oficio.

Ya dentro de su habitación, cerró la puerta y casi a la fuerza, sentó junto a él a Sancho. Después, con voz tranquila le dijo:

–Mil gracias doy al cielo, Sancho amigo, porque te ha traído la buena suerte a ti antes que a mí. Tú, que para mí sin duda alguna eres un simple, sin más ni más[151] te ves gobernador de una ínsula. Todo esto te digo, ¡oh Sancho!, para que no creas que mereces el favor recibido. Y da gracias al cielo, que organiza tan bien las cosas y, después, a la gran profesión de la caballería andante. Ahora, ¡oh hijo!, pon atención a este tu maestro que quiere aconsejarte y ser tu guía.

»En primer lugar, ¡oh hijo!, tienes que tener miedo a Dios porque es de sabios hacerlo y si eres sabio, no te podrás equivocar en nada.

»Lo segundo, tienes que conocerte a ti mismo, que es el conocimiento más difícil que puede imaginarse.

»No sientas vergüenza, Sancho, por decir que vienes de labradores. Es mejor ser un buen hombre sencillo que un mal cristiano arrogante. Son muchos los que nacieron pobres y de bajo origen y llegaron a ser papas o emperadores[152]. De esta verdad, Sancho, puedo traer ejemplos hasta cansarte.

»Por eso, Sancho, si cuando estés en la ínsula, viene a verte alguno de tus parientes, trátale bien, llénale de atenciones y hazle regalos.

»Sé siempre justo. Siente las lágrimas del pobre, pero no más que las razones del rico. Intenta descubrir la verdad de cada uno.

»No pongas todo el peso de la ley sobre el ladrón y el asesino, pues es mejor la fama del juez compasivo[153].

»Cuando seas juez de algún enemigo, aleja tu pensamiento de la ofensa que te hizo.

»Si alguna mujer hermosa viene a pedirte justicia[154], quita los ojos de sus lágrimas y tus oídos de sus gritos de dolor, y piensa despacio lo que pide.

»No trates mal con palabras al que vas a castigar con obras. Para el pobre desgraciado ya es suficiente castigo el dolor físico.

»Si sigues estos consejos y leyes, Sancho, serán largos tus días, tu fama será para siempre, tus premios serán enormes y tu felicidad será completa. Casarás muy bien a tus hijos, vivirás en paz y serás bien querido por la gente.

»Esto que te he dicho hasta aquí son consejos para tu alma. Escucha ahora los que tienen que servir para tu cuerpo.

Sancho le escuchaba con mucha atención e intentaba conservar en la memoria sus consejos. Y siguió diciendo don Quijote:

–Sancho, sobre cómo debes gobernar tu persona y casa, lo primero que te pido es que seas limpio. Que te cortes las uñas, sin dejarlas crecer como hacen algunos porque creen que las uñas largas hacen hermosas las manos.

»No comas ajos ni cebollas, para que no se den cuenta por el olor de que eres villano.

»Anda despacio y habla con tranquilidad, pero que no parezca que lo haces para escucharte a ti mismo.

»Come poco y cena más poco, porque la salud de todo el cuerpo nace en la oficina del estómago.

»Bebe poco, pues ya se sabe que el mucho vino ni guarda secreto ni respeta palabra.

»Ten cuidado, Sancho, de no meterte mucha comida en la boca ni de eructar[155] delante de nadie.

–Es verdad, señor –dijo Sancho–. Ese es uno de los consejos que pienso llevar en la memoria porque lo suelo hacer muy a menudo.

–Tampoco, Sancho, tienes que mezclar en tus conversaciones tantos refranes[156], que muchas veces parecen más disparates que frases.

–Eso solo Dios lo puede arreglar –respondió Sancho–, porque sé más refranes que un libro, y me vienen todos juntos a la boca cuando hablo. Se pelean por salir unos con otros y la lengua echa los primeros que encuentra. Pero de aquí en adelante, intentaré decir solo los que vienen bien a mi importante profesión.

–Mira, Sancho –dijo don Quijote–, no te digo yo que decir un refrán de vez en cuando esté mal, pero decir uno detrás de otro…

»Cuando subas al caballo, no vayas echando el cuerpo hacia atrás, ni lleves las piernas rectas y tiradas, porque ya no vas sobre el burro.

»No duermas demasiado, porque el que no se levanta con el sol, no se divierte durante el día. Y date cuenta, ¡oh Sancho!, de que la actividad es madre de la buena suerte y el vago nunca llegó a conseguir ninguna cosa.

»Por ahora, esto es, Sancho, lo que he querido aconsejarte. Pasará el tiempo, y te daré más consejos de acuerdo con cada ocasión.

–Señor –respondió Sancho–, todo lo que vuestra merced me ha dicho son cosas buenas, santas y útiles, pero ¿de qué me van a servir, si no me acuerdo de ninguna? Solo recuerdo aquello de no dejarme crecer las uñas. Así que necesito que me dé los consejos escritos. Porque, aunque no sé leer ni escribir, yo se los daré a algún cura para que me los lea cuando sea necesario.

–¡Ah pobre de mí –respondió don Quijote–, y qué mal parece en los gobernadores no saber leer ni escribir! Bueno, yo ya he hecho lo que debía y te he aconsejado. Ahora, que Dios te conduzca, Sancho, y te gobierne en tu gobierno.

–Señor –protestó Sancho–, si a vuestra merced le parece que no puedo ser gobernador, ahora mismo lo dejo. Además, mientras se duerme, todos son iguales, los grandes y los menores, los pobres y los ricos. Y prefiero irme al cielo como Sancho que al infierno como gobernador.

–Por Dios, Sancho –dijo don Quijote–, solo por estas últimas palabras que has dicho creo que mereces ser gobernador de mil ínsulas. Pídele ayuda a Dios e intenta hacer las cosas bien, porque el cielo siempre ayuda cuando hay buenas intenciones. Y vámonos a comer, porque creo que ya estos señores nos esperan.

CAPÍTULO XIV

SANCHO ES GOBERNADOR DE LA ÍNSULA BARATARIA

AQUELLA tarde, después de comer, los duques enviaron a Sancho al lugar que para él iba a ser su ínsula.

Salió Sancho del palacio acompañado de mucha gente. Por orden del duque, su burro iba detrás de él. Sancho giraba la cabeza de vez en cuando para mirarlo porque en su compañía iba muy contento.

Al despedirse de los duques, les besó las manos, y don Quijote le dijo adiós con lágrimas. Y en cuanto se fue su escudero, don Quijote se sintió solo y triste.

Sancho llegó con toda su compañía a un lugar que no tenía más de mil vecinos y que era uno de los mejores que el duque tenía. Le dijeron que se llamaba «la ínsula Barataria».

Al llegar a las puertas del pueblo, salieron todos los vecinos a recibirle y con mucha alegría le llevaron a la iglesia mayor a dar gracias a Dios. Luego, le dieron las llaves del pueblo y le aceptaron como gobernador de la ínsula Barataria.

El traje, las barbas, lo gordo que estaba y lo pequeño que era el nuevo gobernador sorprendían a toda la gente que no conocía el secreto de la historia. Pero también a los que la conocían, que eran muchos.

Después, le sacaron de la iglesia, le llevaron a la silla del juzgado[157] y le sentaron en ella. En ese instante entraron dos hombres ancianos. Uno de ellos llevaba un palo como báculo[158]. El que no lo llevaba dijo:

–Señor, a este buen hombre le presté diez monedas de oro hace días para hacerle un favor. Pero él me las tenía que devolver si se las pedía. Se pasaron muchos días sin pedírselas para no hacer mayor su necesidad. Pero como tardaba mucho en pagarme, se las he pedido muchas veces y no me las devuelve. Dice, además, que nunca le presté las diez monedas y que si se las presté, ya me las ha devuelto. Vengo a pedirle que vuestra merced le obligue a jurar[159] que me las ha devuelto. Si lo jura, yo se las perdono para siempre.

–¿Qué decís vos a esto, buen viejo del báculo? –dijo Sancho.

–Yo, señor –contestó el viejo–, confieso que me las prestó y juraré que se las he devuelto y pagado real y verdaderamente.

El viejo del báculo dio el báculo al otro viejo. Parecía que le molestaba tenerlo mientras juraba. Luego, puso la mano sobre una cruz y juró que era verdad que le habían prestado aquellas diez monedas de oro que le pedían. Pero que él se las había devuelto y que como el otro no se acordaba de ello, se las volvía a pedir otra vez.

Al ver esto, el gran gobernador preguntó al otro viejo que qué le respondía. El anciano dijo que sin duda alguna aquel hombre decía la verdad, porque él pensaba que era un buen cristiano. También dijo que seguramente a él se le había olvidado cómo y cuándo le había devuelto las monedas, y que nunca más le iba a pedir nada.

El anciano que había jurado volvió a tomar su báculo y, con la cabeza baja, salió del juzgado. Sancho, al ver que el anciano del báculo se iba sin más ni más y que el otro tenía tanta paciencia, bajó la cabeza sobre el pecho y se quedó pensando un momento. Luego, levantó la cabeza y mandó llamar al viejo del báculo, que ya se había ido. Le llevaron y cuando Sancho le vio, le dijo:

–Dadme, buen hombre, ese báculo. Lo necesito.

–Con mucho gusto –respondió el viejo–. Aquí lo tiene, señor.

Y se lo puso en la mano. Sancho lo tomó y se lo dio al otro viejo mientras decía:

–Id con Dios, porque ya os ha pagado.

–¿A mí, señor? –respondió el viejo–. Pues ¿vale este báculo diez monedas de oro?

–Sí –dijo el gobernador–, o si no, yo soy el mayor tonto del mundo. Ahora se verá si yo tengo cabeza para gobernar todo un reino.

Y allí, delante de todos, Sancho mandó romper y abrir el báculo. Así se hizo y dentro encontraron las diez monedas de oro. Todos se quedaron sorprendidos y pensaron que su gobernador era un nuevo Salomón[160].

Desde el juzgado llevaron a Sancho Panza a un rico palacio. En una gran sala estaba puesta una elegante y limpísima mesa. En cuanto Sancho entró en la sala, empezó a sonar una música y salieron cuatro criados a recibirle.

Entonces, terminó la música y Sancho se sentó en el único lugar de la mesa que habían preparado. A su lado se puso de pie un personaje que después dijo ser médico. Llevaba un palo largo y delgado en la mano. La mesa estaba llena de frutas y riquísimas comidas.

Un criado le acercó a Sancho un plato de fruta, pero en cuanto comió el primer trozo, el personaje del palo tocó con él el plato e inmediatamente se lo llevaron. Entonces, el mismo criado le acercó a Sancho otro con otra comida. Pero cuando Sancho iba a probarla, el palo tocó el plato y un criado se lo llevó tan rápido como el de la fruta. Sancho, al ver todo esto, se quedó sorprendido. Y mientras miraba a todos, preguntó que si para comerse aquella comida había que jugar a algo.

–Se tiene que comer, señor gobernador –respondió el del palo–, como es costumbre en las otras ínsulas donde hay gobernadores. Yo, señor, soy médico de los gobernadores de esta ínsula, y cuido su salud mucho más que la mía. Estudio de noche y de día para poder curarle si se pone enfermo. Pero, sobre todo, estoy en sus comidas y cenas para quitarle lo que imagino que le puede hacer daño. Y así, mandé quitar el plato de fruta por ser demasiado húmeda. Y el plato de la otra comida también lo mandé quitar porque estaba demasiado caliente y tenía muchas especias.

–Si eso es así –dijo Sancho–, vea el señor doctor qué comidas de las que hay en esta mesa me harán menos daño, y déjeme comerlas, porque me muero de hambre. Y si no me deja comer, me está quitando la vida y no aumentándomela.

–Vuestra merced tiene razón, señor gobernador –respondió el médico–. Y así, yo creo que, para conservar su salud, ahora debe comer algo muy ligero que le siente bien al estómago.

Al oír esto, Sancho miró con atención al médico y con voz seria le preguntó que cómo se llamaba y que dónde había estudiado.

–Yo, señor gobernador, me llamo el doctor Pedro Recio, soy de un lugar que se llama Tirteafuera[161], y soy doctor por la Universidad de Osuna[162].

–Pues, señor doctor Pedro Recio de Tirteafuera –respondió Sancho, muy enfadado–, váyase de aquí. Si no, levantaré esta silla donde estoy sentado y se la tiraré a la cabeza. Y denme de comer o si no, quédense con su gobierno, porque oficio que no da de comer a su dueño no vale nada.

El doctor, al ver tan enfadado al gobernador, quiso salir de la sala, pero en aquel instante uno de los criados anunció la llegada de un mensajero del duque su señor.

Entró el mensajero muy asustado, sacó un papel del pecho y lo puso en las manos del gobernador. Sancho, después de preguntar que quién era su secretario, lo puso en sus manos y le mandó leer lo que estaba escrito, que decía así:

Señor don Sancho Panza, me ha llegado la siguiente noticia: unos enemigos míos y de esa ínsula van a intentar entrar en ella no sé qué noche. Tienen que estar atentos para que no los sorprendan. Sé también que, en ese lugar, han entrado en secreto cuatro personas para quitaros la vida, porque tienen miedo de vuestro ingenio. Abrid bien los ojos y mirad quién llega para hablaros. Y no comáis nada que os regalen. Yo os ayudaré si lo necesitáis.

Vuestro amigo, El Duque

Sancho y todos los que estaban con él se quedaron muy sorprendidos.

–Lo que ahora hay que hacer –dijo Sancho– es meter en la cárcel al doctor Recio, porque si alguno me va a matar, tiene que ser él, y de hambre, que es la peor muerte que hay. Y vos, secretario, responded al señor duque y decidle que haremos lo que manda como lo manda.

Finalmente, el doctor Pedro Recio de Tirteafuera prometió darle de cenar aquella noche. Con esto, se quedó contento el gobernador que esperaba con muchas ganas la noche y la hora de cenar.

CAPÍTULO XV

FIN DEL GOBIERNO DE SANCHO PANZA

DESPUÉS de siete días de gobierno, Sancho no estaba cansado de pan ni de vino, sino de juzgar, dar opiniones y hacer leyes.

Una noche, cuando el sueño podía más que el hambre y comenzaba a cerrarle los ojos, oyó un gran ruido de voces. Parecía que toda la ínsula se iba al fondo del mar.

Se sentó en la cama y estuvo escuchando con atención porque quería saber la razón de tanto ruido. Como no conseguía entenderlo y el ruido aumentaba, crecían en Sancho la sorpresa y el miedo.

Entonces, se levantó, se puso unas zapatillas y, sin otra ropa, salió a la puerta de su habitación. Y vio a más de veinte personas que corrían por los pasillos con las espadas en las manos.

–¡Socorro, socorro, señor gobernador, socorro! –gritaban todos a grandes voces–. ¡Han entrado miles de enemigos en la ínsula, y estamos perdidos si vuestro ingenio y valentía no nos ayudan!

Con este ruido y estos gritos, llegaron donde estaba Sancho muy sorprendido de lo que oía y veía.

–¡Ármese enseguida vuestra merced –le dijo uno–, si no quiere perderse y que toda esta ínsula se pierda!

–¿Para qué me tengo que armar –respondió Sancho–, y qué sé yo de armas ni de socorros? Estas cosas será mejor dejarlas para mi amo don Quijote, que en un momento las terminará y les dará solución.

–¡Ah, señor gobernador! –dijo otro–. ¿Qué tranquilidad es esa? Ármese vuestra merced. Aquí le traemos armas. Salga a esa plaza y sea nuestro guía y nuestro capitán, pues debe serlo por ley, por ser nuestro gobernador.

Y al momento le llevaron dos escudos grandes y se los pusieron encima de la camisa, uno delante y otro detrás. Luego, le sacaron los brazos por unos agujeros que tenían. Después, le ataron muy bien los dos escudos con unas cuerdas. Se quedó derecho como un palo, sin poder mover las rodillas ni dar un solo paso. Y por último, le pusieron una lanza en las manos que le sirvió para mantenerse en pie.

–Ande, señor gobernador –dijo otro–, y muévase, porque es tarde y los enemigos crecen y las voces aumentan, y el peligro pesa.

En cuanto el pobre gobernador intentó moverse, se cayó al suelo y se dio un gran golpe. Se quedó boca abajo, como un galápago[163]. Pero a aquella gente no le dio pena verle en el suelo. Y siguieron gritando más fuerte, pasando por encima del pobre Sancho, y dándole muchas cuchilladas[164] sobre los escudos.

El pobre gobernador se decía: «¡Oh Dios mío! ¡Ojalá se acabe ya de perder esta ínsula y yo me vea o muerto o fuera de este gran dolor!». El cielo oyó sus palabras y cuando menos lo esperaba, oyó voces que decían:

–¡Victoria, victoria, los enemigos se van! ¡Venga, señor gobernador, levántese vuestra merced y venga a celebrarla!

–Levántenme –dijo con voz de dolor el dolorido Sancho.

Le ayudaron a levantarse y ya de pie, dijo:

–Yo sólo quiero pedir a algún amigo, si es que le tengo, que me dé un poco de vino, porque me seco, y que me limpie este sudor, porque me hago agua.

Y siguieron gritando más fuerte, pasando por encima del pobre Sancho, y dándole muchas cuchilladas sobre los escudos.

Le limpiaron, le llevaron vino y le desataron los escudos. Entonces, se sentó en su cama y se desmayó de miedo.

Cuando se despertó, preguntó la hora y le dijeron que ya estaba saliendo el sol. Se calló y, sin decir otra cosa, comenzó a vestirse en silencio mientras todos le miraban.

Finalmente, se puso a andar poco a poco, porque estaba agotado, y se fue a buscar su burro. Todos los que estaban allí le siguieron. Cuando lo vio, se acercó al animal, lo abrazó y le dio un beso en la cabeza. Con gran pena y tristeza lo preparó, subió sobre él y dijo:

–Abrid camino, señores míos, y dejadme volver a mi antigua libertad[165]. Dejadme que vaya a buscar la antigua vida pasada, para que viva otra vez y deje esta muerte presente. Yo no nací para ser gobernador ni para defender ínsulas ni ciudades de los enemigos. Quiero decir que cada uno está bien cuando hace su oficio. Quédense vuestras mercedes con Dios y díganle al duque mi señor que sin nada nací, y sin nada me encuentro: ni pierdo ni gano. Quiero decir que entré sin blanca[166] en este gobierno y sin nada salgo, no como suelen salir los gobernadores de otras ínsulas. Y quítense, déjenme ir, porque me voy a poner alguna medicina. Creo que tengo golpeadas todas las costillas por los enemigos que esta noche se han paseado sobre mí.

Le dejaron ir, pero primero le ofrecieron compañía y todo lo necesario para hacerle cómodo su viaje. Sancho dijo que solo quería un poco de comida para el burro, y medio queso y medio pan para él, porque el camino era corto. Todos le abrazaron, y él abrazó a todos llorando. Y se quedaron sorprendidos de sus palabras y de su segura e inteligente decisión.

Finalmente, llegó Sancho al palacio de los duques. Después de dejar el burro, Sancho subió a ver a sus señores, se puso de rodillas delante de ellos y dijo:

–Yo, señores, fui a gobernar vuestra ínsula Barataria porque así lo quisieron vuestras mercedes, aunque yo no lo merecía. Entré en ella sin nada y sin nada me encuentro: ni pierdo ni gano. Si he gobernado bien o mal, los que lo han visto lo dirán. En este tiempo yo he probado el peso de las obligaciones que trae el gobierno y me he dado cuenta de que mis hombros no lo pueden llevar. Y así, ayer por la mañana dejé la ínsula con las mismas calles, casas y tejados que tenía cuando entré en ella. Así que, mis señores duque y duquesa, beso a vuestras mercedes los pies, dejo el gobierno y vuelvo al servicio de mi señor don Quijote.

Cuando terminó de hablar Sancho, el duque le abrazó y le dijo que le iba a buscar otro oficio más sencillo. La duquesa también le abrazó y ordenó a sus criados atenderle muy bien, porque parecía venir dolorido y cansado.

CAPÍTULO XVI

DON QUIJOTE Y SANCHO SIGUEN SU CAMINO

DESPUÉS de llevar allí unos días, a don Quijote le pareció que tenía que dejar la tranquilidad que había en el castillo. Se imaginaba que era un gran error quedarse encerrado y sin hacer nada, entre los muchos regalos y cortesías que aquellos señores le hacían por ser caballero andante. Y así, pidió permiso a los duques para marcharse. Ellos se lo dieron, aunque sentían mucho su marcha.

A la mañana siguiente, salieron los duques y toda su gente a la plaza del castillo. Entonces, don Quijote bajó la cabeza y se despidió de todos ellos. Luego, amo y escudero salieron del castillo, camino de Zaragoza.

Cuando don Quijote se vio libre en medio del campo, le pareció que estaba donde debía estar. Además, tenía nuevas energías para volver al asunto de sus caballerías. Y le dijo a su escudero:

–La libertad, Sancho, es uno de los más preciosos regalos que los cielos dieron a los hombres. Nada se puede comparar con ella. Por la libertad se puede y se debe poner en peligro la vida. Y la cárcel es el peor mal que puede venir a los hombres.

En estas y otras conversaciones iban los andantes, caballero y escudero, cuando encontraron una fuente clara y limpia en un fresco bosque. Allí se sentaron a descansar. Después de comer, se echaron a dormir y se despertaron algo tarde. Se volvieron a subir a Rocinante y al burro, sus dos compañeros y amigos, y siguieron su camino. Se dieron prisa para llegar a una venta que estaba muy cerca.

Cuando llegaron, preguntaron que si había habitación para pasar la noche. Les respondieron que sí y que era muy cómoda. Sancho dio gracias al cielo porque a su amo no le había parecido castillo aquella venta.

Llegó la hora de cenar y don Quijote se fue a su dormitorio, donde le llevaron la comida. Entonces, en una habitación que estaba junto a la suya y separada solo por una delgada pared, oyó decir don Quijote:

–Señor don Jerónimo, mientras traen la cena, leamos otro capítulo de la segunda parte de *Don Quijote de la Mancha*[167].

En cuanto oyó su nombre don Quijote, se puso de pie y escuchó con atención lo que decían de él. Y oyó que aquel don Jerónimo respondía:

–¿Para qué quiere vuestra merced, señor don Juan, que leamos estos disparates? Pues el que ha leído la primera parte de la historia de don Quijote de la Mancha no puede tener ganas de leer esta segunda.

–Sin embargo –dijo don Juan–, estará bien leerla, pues también los libros malos tienen alguna cosa buena. A mí lo que menos me gusta de este es que describe a don Quijote ya desenamorado de Dulcinea del Toboso.

Al oír esto, don Quijote, muy enfadado, levantó la voz y dijo:

–A ese que dice que don Quijote de la Mancha ha olvidado o puede olvidar a Dulcinea del Toboso, yo le haré entender con armas que está muy lejos de la verdad. Ni Dulcinea del Toboso puede ser olvidada, ni en don Quijote puede entrar el olvido.

–¿Quién es el que nos responde? –preguntaron desde la otra habitación.

–¿Quién va a ser –respondió Sancho– sino el mismo don Quijote de la Mancha?

En cuanto Sancho dijo esto, entraron por la puerta de la habitación dos caballeros, o eso parecían. Al ver la figura de don Quijote, uno de ellos le abrazó y le dijo:

–Sin duda vos, señor, sois el verdadero don Quijote de la Mancha, norte y guía de la andante caballería. Y el autor de este libro que aquí os doy os ha querido robar vuestro nombre y destruir vuestras hazañas.

Y le puso en las manos el libro que traía su compañero. Don Quijote lo tomó y, sin responder palabra, comenzó a leerlo. Enseguida se lo devolvió y dijo:

–Por lo poco que he visto, este autor no sabe nada, se equivoca y se desvía de la verdad de la historia.

Don Quijote pasó a la habitación de los dos caballeros para cenar con ellos, pues así se lo habían pedido. Durante la cena, don Juan preguntó a don Quijote que qué noticias tenía de la señora Dulcinea del Toboso. Nuestro hidalgo les fue contando con detalle el encantamiento de la señora Dulcinea y las instrucciones que el sabio Merlín le había dado para desencantarla. También les contó lo que le había ocurrido en la cueva de Montesinos.

Los dos caballeros estaban muy contentos de oír contar a don Quijote sus extrañas historias, y así se quedaron sorprendidos por sus disparates y porque los contaba con mucha elegancia.

En estas y otras conversaciones se pasó gran parte de la noche. Le preguntaron a don Quijote que adónde iban. Don Quijote respondió que a Zaragoza, para pelear en unas justas que suelen hacerse todos los años en aquella ciudad. Don Juan le dijo que aquella otra historia contaba que aquel don Quijote había peleado en unos pobres y tontos juegos en esa ciudad.

–Pues, por eso mismo –respondió don Quijote–, no pondré los pies en Zaragoza y así descubriré al mundo la mentira de ese historiador moderno. Y la gente sabrá que yo no soy el don Quijote que él dice.

–Hará muy bien –dijo don Jerónimo–. Además, hay otras justas en Barcelona, donde el señor don Quijote podrá demostrar su valentía.

–Así lo pienso hacer –dijo don Quijote–. Ahora, si vuestras mercedes me dan permiso, me iré a dormir, pues ya es hora.

Con esto se despidieron, y don Quijote y Sancho se fueron a su habitación. Don Juan y don Jerónimo se quedaron sorprendidos y de verdad creyeron que estos eran los verdaderos don Quijote y Sancho, y no los que describía aquel autor.

Era fresca la mañana en la que don Quijote salió de la venta. Se informó primero de cuál era el camino más derecho para ir a Barcelona sin pasar por Zaragoza.

Durante más de seis días no le ocurrió nada importante que contar. Hasta que un día los sorprendió la noche fuera del camino entre unos grandes árboles. Amo y mozo se bajaron de sus animales y se pusieron cómodos junto a los troncos de unos árboles para pasar allí la noche.

Ya estaba saliendo el sol cuando don Quijote y Sancho vieron que a su alrededor había más de cuarenta bandoleros[168]. Aquellos hombres, que hablaban en lengua catalana[169], les mandaron quedarse allí quietos hasta la llegada de su capitán.

En esto, llegó el capitán que parecía tener no más de treinta y cuatro años. Era fuerte, de mirada seria y color moreno. Venía sobre un poderoso caballo y con cuatro pistolas a los lados. Cuando vio la lanza sobre el árbol, el escudo en el suelo y a don Quijote pensando, con esa triste y apagada figura, se sorprendió mucho. Entonces, se acercó a él y le dijo:

–No estéis triste, buen hombre, porque no habéis caído en las manos de algún cruel enemigo, sino en las de Roque Guinart[170].

–Mi tristeza no es –respondió don Quijote– por caer en tu poder, ¡oh valiente Roque, famoso en toda la tierra! Es porque tus soldados me han encontrado a pie y desarmado, cuando la andante caballería me obliga a vivir siempre armado y bien despierto. Porque yo soy don Quijote de la Mancha, aquel que llena el mundo con sus hazañas.

Enseguida Roque Guinart se dio cuenta de que la enfermedad de don Quijote estaba más cerca de la locura que de la valentía. Aunque había oído hablar de él algunas veces, nunca creyó sus hazañas. Por eso, se alegró mucho de encontrarle y así le dijo:

–Valiente caballero, no creáis que habéis tenido mala suerte. El cielo, por extraños y no imaginados caminos, suele levantar a los caídos y hacer ricos a los pobres.

Entonces, Roque se alejó un poco y escribió una carta a un amigo suyo de Barcelona. Le avisaba de que con él estaba don Quijote de la Mancha, el famoso caballero andante, el más gracioso y sabio hombre del mundo. Y le anunciaba que en cuatro días iba a dejar a nuestro caballero en la mitad de la playa de la ciudad. Iba a ir armado con todas sus armas, sobre su caballo Rocinante y con Sancho su escudero sobre su burro. Tenía también que dar la noticia a sus amigos. Así todos se iban a divertir con las locuras y el ingenio de don Quijote y las gracias de su escudero Sancho Panza. Roque Guinart le dio la carta a uno de sus escuderos. Este cambió el traje de bandolero por el de labrador y entró en Barcelona para dársela a su destinatario.

Tres días y tres noches estuvo don Quijote con Roque. Y nuestro caballero no dejaba de sorprenderse de su modo de vida: aquí se despertaban, allí comían. Unas veces escapaban sin saber de quién, y otras esperaban sin saber a quién. Dormían de pie, y se movían sin parar de un lugar a otro. Su vida era triste y difícil.

Finalmente, Roque, don Quijote y Sancho, con otros seis escuderos, fueron a Barcelona por extraños y escondidos caminos. Llegaron a su playa de noche. Roque abrazó a don Quijote y a Sancho y después, los dejó allí.

Nuestro hidalgo se quedó esperando el día, así, a caballo, como estaba. Salió el sol y don Quijote y Sancho vieron por primera vez el mar. Les pareció grande y ancho, mucho más que las lagunas de Ruidera que habían visto en la Mancha.

Entonces, llegaron corriendo algunos caballeros y uno de ellos, el que había sido avisado por Roque Guinart, le dijo en voz alta:

–Bienvenido sea a nuestra ciudad el espejo, la estrella y el norte de toda la caballería andante. Bienvenido sea, digo, el valiente, verdadero y legal don Quijote de la Mancha.

Don Quijote no respondió palabra. Mientras los caballeros comenzaban a colocarse alrededor de don Quijote, este le dijo a Sancho:

–Estos nos han conocido. Seguro que han leído nuestra historia.

El caballero que había hablado antes a don Quijote le dijo:

–Acompáñenos vuestra merced, señor don Quijote. Todos somos grandes amigos de Roque Guinart y estamos aquí para servirle.

–Vuestra cortesía, señor caballero –contestó don Quijote–, es hija o parienta cercana de la del gran Roque. Llevadme, pues, donde queráis.

Así, don Quijote y Sancho entraron con él en la ciudad. Llegaron a la gran casa de su guía, don Antonio Moreno, un rico caballero. Y allí pasaron varios días.

CAPÍTULO XVII

AVENTURA DEL CABALLERO DE LA BLANCA LUNA

UNA mañana don Quijote salió a pasear por la playa armado, como siempre, con todas sus armas. Entonces, vio venir hacia él a un caballero que iba también armado de pies a cabeza. En el escudo llevaba pintada una luna muy luminosa. Cuando el caballero ya estaba cerca de don Quijote, le dijo en voz alta:

–Famoso caballero don Quijote de la Mancha, yo soy el Caballero de la Blanca Luna. Quizá recuerdes alguna de mis increíbles hazañas. Vengo a pelear contigo y a probar la fuerza de tus brazos. Quiero que aceptes y confieses que mi dama es mucho más hermosa que tu Dulcinea del Toboso. Si confiesas esta verdad, evitarás tu muerte y yo evitaré el trabajo de tener que matarte. Y si tú peleas y yo te gano, como único premio quiero que dejes las armas, que no busques más aventuras y que vuelvas a tu lugar y te quedes allí un año. En ese tiempo deberás vivir sin tomar la espada y en paz tranquila. Y si tuya es la victoria, tuyos serán mi cabeza, mis armas, mi caballo y la fama de mis hazañas. Respóndeme pronto, porque solo tengo un día para terminar este asunto.

Don Quijote se quedó muy sorprendido de las arrogantes palabras del Caballero de la Blanca Luna. Y muy tranquilo y serio le respondió:

–Caballero de la Blanca Luna, yo creo que nunca habéis visto a la gran Dulcinea, porque no ha habido ni puede haber hermosura comparable a la suya. Y sí, acepto inmediatamente vuestro desafío[171]. Aunque si gano, no quiero que se pase a mí la fama de vuestras hazañas, porque no las conozco. Tomad, pues, una parte del campo. Yo haré lo mismo.

Desde la ciudad ya habían visto que el Caballero de la Blanca Luna estaba hablando en la playa con don Quijote de la Mancha. Por eso, don Antonio Moreno se acercó allí con otros muchos caballeros que le acompañaban. Y llegaron a tiempo para ver a nuestro hidalgo tomar la distancia que necesitaba.

Don Quijote le pidió ayuda al cielo de todo corazón y también a su Dulcinea, como solía hacer antes de comenzar una batalla. Luego, los dos empezaron a correr uno contra el otro al mismo tiempo. Como el de la Blanca Luna era más rápido, llegó antes hasta don Quijote. Y allí le dio con poderosa fuerza, pero sin tocarle con la lanza. Don Quijote y Rocinante se fueron al suelo en una peligrosa caída. El de la Blanca Luna fue enseguida sobre él, le puso la lanza sobre la visera[172] y le dijo:

–Os he ganado, caballero, y os mataré si no confesáis lo que aceptasteis con nuestro desafío.

Don Quijote, dolorido y mareado, sin levantarse la visera, dijo con voz débil y enferma:

–Dulcinea del Toboso es la más hermosa mujer del mundo y yo el más desgraciado caballero de la tierra. Mete, caballero, la lanza y quítame la vida, pues me has quitado la honra[173].

–Yo no haré eso –dijo el de la Blanca Luna–. Solo por vuestra valentía merece vivir la fama de la hermosura de la señora Dulcinea

–Os he ganado, caballero, y os mataré si no confesáis lo que aceptasteis con nuestro desafío.

del Toboso. Yo sólo quiero que el gran don Quijote se quede en su lugar un año, como dijimos antes de entrar en esta batalla.

Todo esto oyó don Antonio y otros muchos que estaban allí. También oyeron que don Quijote respondía que le iba a obedecer como caballero puntual y verdadero porque con aquello no hacía daño a Dulcinea.

Después de oír esta confesión, el de la Blanca Luna entró a caballo en la ciudad. Don Antonio se fue detrás de él porque quería saber quién era ese caballero.

Mientras, levantaron a don Quijote, le descubrieron la cara y le encontraron sin color y sudando. Rocinante estaba muy dolorido y no se podía mover.

Sancho, todo triste, no sabía qué decir ni qué hacer. Le parecía que todo aquello pasaba en sueños y que era cosa de encantamiento. Veía a su señor caído y obligado a no tomar las armas durante un año. Imaginaba que la luz de la gloria de sus hazañas se volvía oscura y que sus promesas se deshacían como se deshace el humo con el viento. Tenía miedo de ver a Rocinante malherido y a su amo sin locura.

Finalmente, llevaron a don Quijote a la ciudad en un carro que mandaron traer.

Mientras, don Antonio Moreno siguió al Caballero de la Blanca Luna hasta que le encontró en un mesón[174] de la ciudad. Entró en él don Antonio con ganas de conocerle. Entonces, el Caballero de la Blanca Luna y un escudero que había salido a ayudarle se encerraron en una sala y con ellos don Antonio. Y al ver que aquel caballero no le dejaba, el de la Blanca Luna le dijo:

–Bien sé, señor, que venís a saber quién soy. Y como no tengo por qué esconderlo, mientras mi criado me desarma, os contaré toda la verdad. Sabed, señor, que a mí me llaman el bachiller Sansón Carrasco. Soy del mismo lugar que don Quijote de la Mancha. A todos los que le conocemos nos da lástima su locura. Y como yo creo que encontrará la salud si se está quieto en su tierra y en su casa, preparé un plan para obligarle a estar en ella. Y así, hace tres meses le salí al camino como caballero andante. Le dije que me llamaba el Caballero de los Espejos. Tenía la intención de pelear con él y ganarle sin hacerle daño. Si mía era la victoria, pensaba obligarle a volver a su lugar y no salir de él en todo un año. Pero la suerte lo ordenó de otra manera, porque él me ganó a mí y me tiró del caballo. Él siguió su camino, y yo me volví a mi tierra dolorido por la caída, que fue, además, peligrosa. Pero no por esto se me quitaron las ganas de volver a buscarle y de ganarle, como se ha visto hoy. Y como él es tan puntual en guardar las órdenes de la andante caballería, sin duda alguna guardará la que le he dado. Esto es, señor, lo que pasa. No tengo nada más que deciros. Os pido por favor que no me descubráis, ni le digáis a don Quijote quién soy. Así tendrán éxito los buenos pensamientos míos y le volverá la cabeza a un hombre que la tenía buenísima, si le dejan las tonterías de la caballería.

–¡Oh, señor –dijo don Antonio–, Dios os perdone la ofensa que habéis hecho a todo el mundo al querer volver cuerdo al más gracioso loco que hay en él! Ojalá nunca se cure don Quijote, porque con su salud no solamente perderemos sus gracias, sino las de su escudero Sancho Panza. Sin embargo, callaré y no le diré nada, aunque creo que no funcionará vuestra idea, señor Carrasco.

El bachiller se despidió de don Antonio. Aquel mismo día salió de la ciudad y se volvió a su lugar sobre el mismo caballo que había montado en la batalla.

Seis días estuvo don Quijote en la cama, apagado, triste y enfadado. Iba y venía con la imaginación al desgraciado momento de su vencimiento[175]. Para alegrarle, Sancho le decía entre otras cosas:

–Señor mío, levante vuestra merced la cabeza y alégrese, si puede. Y dé gracias al cielo que, aunque le tiró a la tierra, no salió con ninguna costilla rota. Volvámonos a nuestra casa y dejemos de buscar aventuras por tierras y lugares que no conocemos. Además, si lo piensa bien, yo soy aquí el que más pierde. Si vuestra merced deja el ejercicio de la caballería, yo ya no podré ser nunca conde.

–Calla, Sancho. Cuando pase un año, volveré a mis justos ejercicios y siempre tendré algún condado[176] que darte.

–Dios lo oiga –dijo Sancho.

CAPÍTULO XVIII

DON QUIJOTE Y SANCHO VUELVEN A SU ALDEA

DON Quijote y Sancho salieron de Barcelona dos días después, porque la caída no había dejado a nuestro caballero ponerse antes en camino. Nuestro hidalgo iba desarmado y sin su armadura[177] y Sancho a pie, pues el burro llevaba encima las armas.

–Señor mío –dijo el escudero–, he oído decir que la Suerte es una mujer borracha, que no ve lo que hace ni sabe a quién tira al suelo ni a quién levanta.

–Sancho, las cosas buenas o malas no ocurren en el mundo por casualidad –respondió don Quijote–. Cada uno es responsable de su suerte. Yo lo he sido de la mía. Camina, pues, amigo Sancho, y vámonos a nuestra tierra.

En estas conversaciones iban cuando llegaron a un prado. Y dijo don Quijote a Sancho:

–Yo quiero, ¡oh Sancho!, si es que a ti te parece bien, que nos convirtamos en pastores durante el tiempo que tengo que estar en la aldea. Compraré algunas ovejas y todas las demás cosas que son necesarias para este oficio. Yo me llamaré «el pastor Quijótiz» y tú serás «el pastor Pancino». Andaremos por las montañas, por las selvas y por los prados, cantando aquí y allí. Beberemos de las frescas fuentes o de los limpios ríos. Los árboles nos darán su sombra y sus dulcísimas frutas. Olor nos darán las rosas. Alfombras de mil colores serán los grandísimos prados. Vida nos dará el aire claro y limpio. Luz nos prestarán la luna y las estrellas. Y nos haremos famosos con nuestros poemas.

–Claro –dijo Sancho–, me parece muy bien ese modo de vida. Y seguro que en cuanto nos vean el bachiller Sansón Carrasco y don Nicolás el barbero, también nos querrán seguir y hacerse pastores con nosotros. Y es posible que el cura, como es muy alegre y amigo de divertirse, también quiera venir.

–Tú lo has dicho muy bien –dijo don Quijote–. Y si el bachiller Sansón Carrasco entra al oficio de pastor, como entrará sin duda, podrá llamarse «el pastor Sansonino» o «el pastor Carrascón». El barbero Nicolás se podrá llamar «Niculoso». Al cura le podemos poner el nombre de «el pastor Curiambro». Pero dejemos esto ahora. Como ya está oscureciendo, alejémonos un poco del camino para pasar la noche.

Se alejaron, cenaron tarde y mal, y los dos se durmieron. Pero don Quijote se despertó, despertó a Sancho y le dijo:

–Estoy muy sorprendido, Sancho, de tu naturaleza. Yo creo que estás hecho de piedra o de duro metal, donde no es posible ningún sentimiento. Yo estoy despierto cuando tú duermes, yo lloro cuando cantas, yo me desmayo de hambre cuando tú ya estás lleno. Es de buenos criados llevar las penas con sus señores y sentir sus mismos sentimientos. Así que levántate, por tu vida, aléjate un poco de aquí y date con alegría trescientos o cuatrocientos azotes de los del desencantamiento de Dulcinea.

–Señor –respondió Sancho–, déjeme dormir vuestra merced y no me pida más que me azote, o juraré no tocarme nunca más mis carnes.

–¡Oh alma dura! ¡Oh escudero sin corazón! –protestó don Quijote–. Por mí te has visto gobernador y por mí puedes ser conde.

–Volvamos a ponernos cómodos y durmamos –contestó Sancho–, pues queda muy poca noche.

–Duerme tú, Sancho –respondió don Quijote–, que naciste para dormir. Yo, en el tiempo que falta para que llegue el día, dejaré libres mis pensamientos.

Sancho se acostó en el suelo y durmió tranquilo y despreocupado. Don Quijote se puso al lado de un tronco de árbol y volvió a pensar en el dolor de su vencimiento y en la falta de Dulcinea.

En esto, llegó el día. El sol le dio a Sancho en la cara y le despertó. Finalmente, volvieron los dos al camino. Don Quijote iba preocupado y Sancho no iba nada alegre. Y le dijo a su amo:

–Señor, estoy pensando que soy un desgraciado. La salud de la señora Dulcinea me cuesta a mí gotas de sangre y azotes, y no me da nada.

–Tú tienes razón, Sancho amigo –respondió don Quijote–. Así que si quieres que te pague por los azotes del desencantamiento de Dulcinea, yo lo haré y bien. Piensa, Sancho, qué premio quieres y azótate enseguida. Después, págate tú mismo y al contado, pues tú guardas dineros míos.

Al oír lo que le ofrecía su amo, Sancho abrió mucho los ojos y las orejas. Entonces, decidió azotarse con gusto y dijo a su amo:

–Señor, yo quiero hacer lo que vuestra merced espera. Lo hago por el amor que tengo a mis hijos y a mi mujer. Dígame vuestra merced cuánto me dará por cada azote.

–Todo el oro del mundo, Sancho –respondió don Quijote–, es poco para lo que mereces. Mira tú lo que llevas mío, y pon el precio a cada azote.

–De los reales que tengo de vuestra merced me llevaré ochocientos veinticinco, un cuarto de real por cada azote. Y así, entraré en mi casa rico y contento, aunque bien azotado.

–¡Oh Sancho bueno, oh Sancho amable! –respondió don Quijote–. ¡Dulcinea y yo estaremos obligados a servirte todos los días de nuestra vida! Si ella vuelve a tener su aspecto perdido, su desgracia se convertirá en alegría y mi vencimiento será un felicísimo éxito. Y piensa, Sancho, cuándo quieres comenzar los azotes, pues si es pronto, te doy cien reales más.

–¿Cuándo? –contestó Sancho–. Esta noche, seguro. Intentemos pasarla en el campo, a cielo abierto, y yo me abriré mis carnes.

Llegó la noche que esperaba don Quijote con tantas ganas. Entraron entre unos agradables árboles que estaban un poco fuera del camino. Se echaron sobre la verde hierba y cenaron. Después, Sancho se alejó unos veinte pasos de su amo y se metió entre unos árboles. Don Quijote, al ver que iba con ganas y con valentía, le dijo:

–Cuidado, amigo, y no te hagas mucho daño. Deja pasar tiempo entre un azote y el otro. Quiero decir que no te los des muy fuerte, para que no te falte la vida antes de llegar al número necesario. Desde aquí yo estaré contando los azotes que te das. Y que el cielo te ayude como tu buena intención merece.

–Yo pienso darme –respondió Sancho– para que me duela, pero sin matarme, pues seguramente en esto está el secreto de este desencantamiento.

Luego, Sancho se quitó la ropa de medio cuerpo para arriba y comenzó a darse con una cuerda. Mientras, don Quijote comenzó a contar los azotes. Cuando Sancho se había dado ya seis u ocho, paró un poco porque le pareció que la broma era pesada y el precio era muy barato. Entonces, le dijo a su amo que se había equivocado, porque cada azote de aquellos merecía pagarse a medio real, no a un cuarto.

–Sigue, Sancho amigo –le dijo don Quijote–, pues yo te pagaré el doble.

–Si es así –dijo Sancho–, ¡que lluevan azotes!

Pero el muy listo dejó de dárselos en la espalda y se los daba a los árboles. De vez en cuando gritaba y parecía que le rompían el alma.

–Por tu vida, amigo –dijo don Quijote–, no sigas más, pues me parece muy fuerte esta medicina. Además, hay que darle tiempo al tiempo[178]. Si yo no he contado mal, te has dado ya más de mil azotes. Es bastante por ahora.

–No, no, señor –respondió Sancho–. Aléjese un poco más vuestra merced y déjeme darme otros mil azotes.

–Si tú tienes tantas ganas –dijo don Quijote–, que el cielo te ayude, y pégate. Yo me alejo.

Sancho volvió a su trabajo con mucha energía. En esto, nuestro escudero dio un grito mientras daba un fuerte azote en un árbol.

Don Quijote, al oír la dolorida voz y el golpe del fuerte azote, se acercó enseguida, recogió la cuerda y le dijo a Sancho:

–No permita la suerte, Sancho amigo, que por el gusto mío tú pierdas la vida que sirve para alimentar a tu mujer y a tus hijos. Que espere Dulcinea un momento mejor. Yo esperaré que tengas nuevas fuerzas, para que se termine este asunto a gusto de todos.

–Pues, si vuestra merced, señor mío, lo quiere así –respondió Sancho–, así será. Y tápeme la espalda, pues estoy sudando y no quiero enfriarme.

Así lo hizo don Quijote. Sancho se durmió hasta que le despertó el sol y luego, siguieron su camino.

Aquella noche la pasaron entre otros árboles. Así Sancho pudo azotarse como la noche anterior, dando muchos más golpes a los troncos de los árboles que a su espalda.

Don Quijote contó todos los golpes sin perderse uno solo. Con los de la noche pasada eran tres mil veintinueve. A la mañana siguiente continuaron su camino.

Aquel día y aquella noche siguieron caminando y Sancho acabó de darse los azotes que le faltaban. Así que don Quijote estaba muy contento y esperaba el día para ver si en el camino encontraba a Dulcinea su señora ya desencantada.

Con estos pensamientos, subieron un camino y desde allí descubrieron su aldea. Cuando Sancho la vio, se puso de rodillas y dijo:

–Abre los ojos, querida aldea, y mira que vuelve a ti Sancho Panza tu hijo, no muy rico, pero muy bien azotado. Abre los brazos y recibe también a tu hijo don Quijote. Aunque ha perdido la batalla con otro caballero, mi amo viene ganador de sí mismo. Y esto, me ha dicho él, es la mayor victoria. Además, traigo dinero por los buenos azotes que me he dado.

–Déjate de tonterías –dijo don Quijote–, y vamos a entrar en nuestro lugar, donde imaginaremos y organizaremos nuestra vida de pastores.

Con esto, bajaron el camino y se fueron a su pueblo.

CAPÍTULO XIX

LA MUERTE DE DON QUIJOTE

A la entrada del pueblo don Quijote y Sancho se encontraron con el cura y con el bachiller Carrasco, que estaban rezando en un pequeño prado. Cuando estos los vieron, se acercaron a ellos con los brazos abiertos. Don Quijote se bajó del caballo y los abrazó estrechamente.

Después, entraron en el pueblo acompañados por el cura, el bachiller y por algunos muchachos que iban a su alrededor. Se fueron a casa de don Quijote, y encontraron en la puerta al ama y a su sobrina, que ya tenían noticias de su llegada. También las tenía Teresa Panza, la mujer de Sancho. Había ido allí para ver a su marido. Estaba muy despeinada y traía de la mano a Sanchica su hija. Cuando vio que Sancho no estaba tan bien vestido como ella pensaba que debía estar un gobernador, le dijo:

–¿Cómo venís así, marido mío, con los pies heridos de tanto andar? Parecéis más un desgobernado que un gobernador.

–Calla, Teresa –respondió Sancho–, y vámonos a nuestra casa. Allí oirás maravillas. Traigo dinero, que es lo que importa. Lo he ganado con mi ingenio y sin hacer daño a nadie.

Sanchica abrazó a su padre y le preguntó que si le había traído algo, pues le estaba esperando como agua de mayo. Entonces, su hija y su mujer le tomaron del cinturón y de la mano, y se fueron a su casa. Don Quijote se quedó en la suya con su sobrina y su ama, y en compañía del cura y del bachiller.

Sin esperar un momento, en aquel mismo instante, don Quijote les contó en pocas palabras al bachiller y al cura su vencimiento y la obligación que tenía de no salir de su aldea en un año. También les contó que pensaba guardar esta promesa puntualmente, como buen caballero andante. Y les dijo que aquel año pensaba hacerse pastor.

–Señores, si no tienen mucho que hacer y no están muy ocupados con asuntos importantes, ¿quieren ser mis compañeros? –les preguntó don Quijote–. Yo compraré ovejas y animales suficientes. Lo más importante ya está hecho, porque les he puesto un nombre a cada uno.

–Dígalos, vuestra merced –dijo el cura.

Don Quijote respondió que él se iba a llamar el pastor Quijótiz, el bachiller, el pastor Carrascón, el cura, el pastor Curiambro y Sancho Panza, el pastor Pancino.

Todos se sorprendieron mucho al ver la nueva locura de don Quijote. Sin embargo, aceptaron y se ofrecieron para ser compañeros en su ejercicio. No querían ver cómo don Quijote se iba otra vez del pueblo a sus caballerías, y creían que en aquel año se podía curar.

–Y además –dijo Sansón Carrasco–, como ya todo el mundo sabe, yo soy famosísimo poeta. Y podré escribir poemas amorosos para que nos divirtamos cuando vayamos por esos lugares perdidos.

El cura también le dijo que se alegraba mucho de su decisión y se ofreció de nuevo para hacerle compañía. Con esto, el cura y el bachiller se despidieron de él.

Su sobrina y el ama habían oído por casualidad la conversación de los tres. Por eso, en cuanto se fueron, entraron las dos donde estaba don Quijote.

–¿Qué es esto, señor tío? –le dijo la sobrina–. Ahora que nosotras pensábamos que vuestra merced volvía a quedarse en su casa para pasar en ella una vida tranquila y sencilla, ¿se quiere hacer pastor y meterse en nuevos y complicados caminos?

–¿Y podrá vuestra merced pasar en el campo las siestas del verano y la humedad de las noches de invierno? –le preguntó el ama–. No, seguro. Este es ejercicio y oficio de hombres fuertes, con experiencia y preparados para este trabajo desde recién nacidos. Casi es mejor ser caballero andante que pastor. Mire, señor, tome mi consejo: quédese en su casa, cuide de su dinero y de sus tierras, y ayude a los pobres.

–Callad, hijas –les respondió don Quijote–. Yo sé bien lo que tengo que hacer. Y llevadme a la cama, pues me parece que no estoy muy bueno.

Y las buenas hijas, que lo eran sin duda ama y sobrina, le llevaron a la cama. Allí le dieron de comer y le cuidaron lo mejor posible.

Sin embargo, las cosas humanas no son para siempre. Y cuando don Quijote menos lo pensaba, llegó su fin y muerte. No se sabe si fue por la tristeza que le produjo su vencimiento o por decisión del cielo. Le vino una fiebre que le tuvo seis días en la cama. Durante ese tiempo recibió muchas veces la visita del cura, del bachiller y del barbero, sus amigos. Y Sancho, su buen escudero, no se movió de su cama.

Finalmente, sus amigos llamaron al médico. Cuando este le vio, no se quedó muy contento. En su opinión, las tristezas y los disgustos estaban matando a don Quijote. Y por eso, nuestro hidalgo debía cuidar la salud de su alma, porque la del cuerpo estaba en peligro. Don Quijote lo oyó con tranquilidad. Pero no lo oyeron así su ama, su sobrina y su escudero, que comenzaron a llorar tiernamente. Parecía que ya le tenían muerto allí delante.

Entonces, don Quijote les dijo que quería estar solo para dormir un poco. Salieron todos y nuestro hidalgo durmió más de seis horas. Luego, se despertó y gritó:

–¡Gracias le doy al poderoso Dios por todo el bien que me ha hecho!

La sobrina escuchó las palabras del tío y le pareció que decía menos disparates que otras veces. Entonces, le preguntó:

–¿Qué es lo que vuestra merced dice, señor? ¿Qué bienes son esos?

–Ya tengo la cabeza libre y clara –respondió don Quijote–. Ya no están sobre ella las oscuras sombras que me puso mi amarga y frecuente lectura de los horribles libros de caballerías. Ya conozco sus disparates y sus mentiras. Lo único que siento es que me he dado cuenta tarde. Y ya no me queda tiempo para leer otros libros que iluminen mi alma. Yo sé, sobrina, que estoy a punto de morir. Y no quiero que me recuerden como un loco, aunque es verdad que lo he sido. Llámame, amiga, a mis buenos amigos: al cura, al bachiller Sansón Carrasco y a don Nicolás el barbero. Quiero confesarme y hacer mi testamento[179].

Pero la sobrina no tuvo que llamarlos porque en ese momento entraron los tres. En cuanto los vio don Quijote, dijo:

–Felicitadme buenos señores, porque yo ya no soy don Quijote de la Mancha, sino Alonso Quijano, al que llaman «el Bueno» por mis buenas costumbres. Ya soy enemigo de Amadís de Gaula y de toda la caballería andante.

Cuando los tres le oyeron decir esto, creyeron sin duda que le había entrado alguna nueva locura, y Sansón le dijo:

–Señor don Quijote, ¿ahora que tenemos noticia de que la señora Dulcinea está desencantada, dice vuestra merced eso? Calle, por su vida, despierte y déjese de tonterías.

–Yo, señores, siento que me estoy muriendo muy deprisa. Déjense de bromas, y tráiganme un cura para confesarme y un escribano[180] para hacer mi testamento.

Se miraron unos a otros sorprendidos por las palabras de don Quijote. Y aunque con algunas dudas, le creyeron.

El cura hizo salir a la gente, se quedó solo con él y le confesó.

El bachiller fue a buscar al escribano, y poco después volvió con él y con Sancho Panza. Nuestro escudero ya sabía cómo estaba su señor porque se lo había dicho el bachiller. Y en cuanto vio llorando al ama y a la sobrina, empezaron a salirle las lágrimas. Cuando el cura acabó de confesar a don Quijote, salió y dijo:

–Verdaderamente se muere y verdaderamente está cuerdo Alonso Quijano el Bueno. Bien podemos entrar para que haga su testamento.

Estas noticias hicieron salir más lágrimas de los ojos de ama, sobrina y de Sancho Panza, su buen escudero. Porque la verdad es que don Quijote, no solo cuando era simplemente Alonso Quijano el Bueno, sino también cuando era don Quijote de la Mancha, fue siempre tranquilo y agradable de carácter. Por eso le querían los de su casa y todos los que le conocían.

Entró el escribano con los demás, y don Quijote dijo:

–Quiero que Sancho Panza, a quien en mi locura hice escudero, se quede con el poco dinero que tiene mío. Se lo merece porque es un hombre sencillo y siempre ha estado a mi lado.

Y luego, miró a Sancho y le dijo:

–Perdóname, amigo, porque te he dado la ocasión de parecer un loco como yo. Y te he hecho caer en el mismo error donde yo he caído: creer que hubo y hay caballeros andantes en el mundo.

–¡Ay! –respondió Sancho llorando–. No se muera vuestra merced, señor mío. Siga mi consejo y viva muchos años, porque la mayor locura que puede hacer un hombre en esta vida es dejarse morir de tristeza. No sea vago, levántese de esa cama y vámonos al campo

–Siga mi consejo y viva muchos años, porque la mayor locura que puede hacer un hombre en esta vida es dejarse morir de tristeza.

vestidos de pastores, como hemos decidido. Quizá detrás de alguna planta encontremos a la señora Dulcinea desencantada. Si se muere de pena porque ha perdido su última batalla, écheme a mí la culpa. Diga que le tiraron al suelo porque yo había preparado mal a Rocinante. Además, como vuestra merced ha leído en sus libros de caballerías, es normal que el que pierde hoy gane mañana.

–Así es –dijo Sansón–, el buen Sancho Panza tiene razón.

–Señores –dijo don Quijote–, yo fui loco y ya estoy cuerdo. Fui don Quijote de la Mancha y soy ahora, como he dicho, Alonso Quijano el Bueno. Siga adelante el señor escribano con el testamento.

»Dejo todo lo que tengo a Antonia Quijana[181] mi sobrina, que está presente. También quiero que se pague el sueldo que debo a mi ama por el tiempo que me ha servido, más veinte monedas para un vestido. Y si Antonia Quijana mi sobrina quiere casarse, su marido no puede saber qué es un libro de caballerías. Y si ese hombre lo sabe y mi sobrina todavía quiere casarse con él, perderá todo lo que le he dejado.

»Pido también otra cosa a los señores presentes. Si por casualidad en el futuro conocen al autor de esa *Segunda parte de las hazañas de don Quijote de la Mancha,* díganle que me voy triste de esta vida. Le he dado ocasión de escribir tantos y tan grandes disparates…

Con esto, cerró el testamento y se desmayó sobre la cama. Todos se asustaron mucho y se acercaron para ayudarle. Durante los tres días que vivió después de hacer testamento, nuestro hidalgo se desmayaba muy a menudo. Todos estaban muy preocupados. Sin embargo, comía la sobrina, bebía el ama y se alegraba Sancho Panza, porque eso de recibir dinero quita o tranquiliza la pena que deja el muerto.

Finalmente, llegó el último día de don Quijote. Como dijo el escribano, que se encontraba presente, ningún caballero andante de los que hay en los libros de caballerías había muerto tan tranquila y cristianamente en su cama como él. Pues, entre penas y lágrimas de los que allí se encontraban, dio su alma. Es decir, se murió.

Este fin tuvo el ingenioso hidalgo de la Mancha. El autor no quiso decir el nombre exacto de su lugar para que todos los pueblos y aldeas de la Mancha puedan tenerle como suyo.

FIN

ACTIVIDADES

Antes de leer

1. ¿Has leído la primera parte de esta obra, *Don Quijote de la Mancha I*? Si es así, define con tus palabras estos elementos importantes de la novela. Después, puedes comparar tu definición con la de las notas.
   a. Hidalgo: ______________________________
   b. Caballero andante: ______________________________
   c. Libros de caballerías: ______________________________
   d. Escudero: ______________________________
   e. Encantador: ______________________________

2. Si has leído la primera parte de la obra, escribe ahora un pequeño resumen con los aspectos importantes. Compáralo con los de tus compañeros.

   protagonistas - otros personajes - aventuras - final

3. Lee el título de los capítulos en el índice de la página 3 y ojea las ilustraciones de la novela. ¿Conoces alguno de los episodios más famosos de esta segunda parte? Coméntalo con tus compañeros.

4. Fíjate en el mapa de la página 6. ¿Has estado o conoces alguno de los lugares en los que ocurre esta segunda parte de la obra? Coméntalo con tus compañeros.

Lagunas de Ruidera.

Río Ebro.

Barrio Gótico de Barcelona.

Durante la lectura

Capítulo I

5. 1 Escucha el primer capítulo y responde: ¿cómo está don Quijote cuando lo visitan el cura y el barbero? ¿Sigue loco? ¿Por qué?

6. Lee el capítulo y corrige el resumen del final.

> Sancho visita a don Quijote y le explica lo que el pueblo dice de ellos: que uno es tonto y el otro es un caballero con dinero, pero loco. También le dice que han escrito un libro sobre sus aventuras.

Capítulo II

7. Lee el capítulo y escribe cuatro preguntas sobre él. Házselas a tu compañero.

8. Escoge la respuesta correcta.
   1. Sobre una posible segunda parte de la novela, Sansón dice que…
      a. a nadie le va a interesar.
      b. no se escribirá.
      c. se escribirá.
   2. Después de escuchar a Sansón, don Quijote y Sancho…
      a. deciden viajar de nuevo.
      b. se enfadan.
      c. quieren ir con Sansón a Zaragoza.

9. El bachiller Sansón Carrasco nombra algunas de las aventuras más famosas de la primera parte de esta obra: la de los molinos, la del vizcaíno, etc. Si la has leído, comenta con tus compañeros tu aventura preferida.

Capítulo III

10. 3 Escucha el capítulo y marca las afirmaciones verdaderas.
    a. Sancho quiere organizar su salida con don Quijote.

b. Sancho está triste porque no quiere irse con su amo.
c. Teresa quiere que su hija sea duquesa o condesa.
d. Teresa quiere que su hija se case con Lope Tocho.

11. Lee el capítulo y describe con tus palabras a Teresa, la mujer de Sancho.

Capítulo IV

12. Lee el capítulo y corrige las afirmaciones falsas.

a. El ama pide a Sansón que convenza a don Quijote de que no viaje y Sansón lo hace.
b. Don Quijote está enamorado de Dulcinea porque la ha visto varias veces.
c. El hidalgo va al Toboso y allí encuentra fácilmente la casa de Dulcinea.

13. Marca la palabra que no pertenece al mismo campo semántico.

a. elegante, hermosa, educada, desconocida, amable.
b. pueblo, corral, país, ciudad, aldea.
c. pared, palacio, castillo, iglesia, casa.

14. ¿Qué significado tiene en el capítulo la expresión «Con la iglesia hemos topado»? ¿Qué significado tiene ahora? Explícalo con tus palabras y busca un contexto en el que la puedas usar.

Capítulo V

15. 5 Escucha el capítulo y completa las oraciones.

a. Sancho tiene un problema:…
b. Para solucionarlo, se le ocurre…
c. Por el camino se encuentra…
d. Le dice a su amo que son…
e. Don Quijote cree que…

16. Lee el capítulo y escribe las diferencias entre la Dulcinea que imagina don Quijote y la labradora.

17. Describe la escena de la ilustración de la página 29.

Capítulo VI

18. Lee el capítulo y completa el resumen.

> Mientras don Quijote y Sancho están (a)__________, se acerca un caballero que empieza a hablar sobre su (b)__________ Casildea. Don Quijote y el caballero del Bosque se ponen a conversar. También los dos escuderos hablan y (c)__________. Los dos caballeros discuten y por la (d)__________ se enfrentan.

19. Termina tú el resumen del capítulo y compáralo con los de tus compañeros.

Capítulo VII

20. 7 Escucha el capítulo y explica estos puntos de la historia.
    a. Algo sobre unos quesos y un casco.
    b. Una historia de unos leones y el Rey.
    c. Alguna cosa sobre una jaula abierta y un león.
    d. Un cambio de nombre.

21. Lee el capítulo. ¿Qué significado tiene en él la expresión «¿Leoncitos a mí?»? ¿Qué significado tiene ahora? Explícalo con tus palabras y busca un contexto en el que la puedas usar.

Capítulo VIII

22. 8 Escucha el capítulo y describe la ilustración de la página 47: quiénes son los personajes y qué están haciendo.

23. Lee el capítulo y escribe una pregunta para cada respuesta.
    a. A una boda.
    b. Porque quiere ver si es tan bonita como cuentan.
    c. Un prado y un palacio.

24. De todo lo que cuenta don Quijote, ¿qué es lo más gracioso? Coméntalo con tus compañeros.

25. Fíjate en los nombres que aparecen en el capítulo y busca en el mapa de la página 6 un río, unas lagunas y una cueva con esos nombres.

Capítulo IX

26. Lee el capítulo y responde a las preguntas.
    a. ¿Qué deciden visitar antes de entrar en Zaragoza?
    b. ¿Por qué decide don Quijote montar en el barco?
    c. ¿Hacia dónde va el barco?
    d. ¿Qué cree don Quijote que son?
    e. ¿Consigue don Quijote su objetivo en esta aventura?

27. Escribe cinco palabras importantes del capítulo y compáralas con las de tus compañeros.

28. Antes de continuar, explica quiénes son estos personajes que ya han aparecido: Sansón, Teresa, el Caballero de los Espejos, Montesinos y Merlín.

Capítulo X

29. Lee el capítulo y reescribe las oraciones para que tengan sentido según la historia.
    a. La duquesa ve a don Quijote subido a un caballo blanco con silla de plata.
    b. Don Quijote le dice a su escudero que la duquesa los invita a su casa de campo.
    c. Don Quijote y Sancho ayudan a los cazadores, que se han caído del caballo y del burro.
    d. El religioso lee libros de caballerías, aunque el duque le dice que son un disparate.

30. Responde a estas preguntas.
    a. ¿Cómo tratan los duques a don Quijote? ¿Por qué?
    b. ¿Cómo se siente don Quijote?
    c. ¿Qué le promete el duque a Sancho?

Capítulo XI

31. 11 Escucha el capítulo y completa las oraciones.
    a. Los duques quieren…
    b. Para eso, llevan a don Quijote y a Sancho a…
    c. Se hace de noche y de repente aparece…
    d. Este les dice que…
    e. Después, llega un…
    f. Merlín les dice que para desencantar a Dulcinea Sancho…

32. Lee el capítulo, encuentra cinco palabras que no existen en el resumen del final y sustitúyelas por otras adecuadas.

> Sancho no quiere darse los teszoa, pero el duque lo convence. Le dice que si no se los da, no será berdornago de la ínsula. Sancho decide entonces ayudar a deshacer el desencantamiento de Dulcinea, pero dice que se dará los zaotes cuando él quiera. Don Quijote se pone muy totencon cuando oye esto. Los quedus, por su parte, se están divirtiendo mucho con toda la historia.

Capítulo XII

33. Lee el capítulo y relaciona los personajes con su descripción.

1. El amante de Antonomasia	a. Trifaldi
2. La condesa y dueña principal de Maguncia	b. Maguncia
3. La hija de Maguncia	c. Antonomasia
4. La reina de Candaya	d. Clavijo
5. El primo de Maguncia	e. Malambruno

34. Indica si esta información es verdadera, falsa o si no se sabe.
    a. La condesa está triste porque Antonomasia se casa con Clavijo.
    b. El gigante se enfada por la muerte de su prima.
    c. Don Quijote pelea con el gigante.
    d. Los duques no gastarán más bromas.

35. Comenta con tus compañeros los siguientes puntos.
    a. ¿Cuál os parece el momento más cómico del capítulo?
    b. ¿Por qué creéis que Sancho cuenta esas cosas al final del capítulo?

Capítulo XIII

36. (13) Escucha el capítulo y escribe cinco párrafos con estos elementos.
    a. duques - broma - ínsula - gobernador
    b. consejos - buen gobernador
    c. justo - vergüenza - origen
    d. cortar - beber - dormir - comer - eructar - refranes
    e. consejos - leer - escribir - recordar

37. Lee el capítulo. Busca en él la expresión «como agua de mayo» e inventa un contexto en el que puedas utilizarla.

38. Comenta con tus compañeros la actitud final de Sancho.

Capítulo XIV

39. Lee el capítulo y escoge la palabra adecuada en cada caso.

> Cuando Sancho llega a la ínsula Barataria, lo nombran gobernador. Lo llevan al juzgado y le presentan el primer caso: un hombre debe (a) dinero-un báculo a otro y Sancho consigue que se lo devuelva. Más tarde Sancho va a comer al palacio, pero (b) se sorprende-se enfada porque su (c) médico-criado no le deja comer nada. Después de esto, llega un mensajero con una carta del duque: dice al gobernador que esté alerta porque unas personas intentarán (d) matarlo-herirlo.

40. ¿Te parece que Sancho es un buen gobernador? Coméntalo con tus compañeros.

Capítulo XV

41. 15 Escucha el capítulo y describe la ilustración de la página 83.

42. Lee el capítulo. ¿Qué decisión final toma Sancho y por qué?

43. Busca en el capítulo la expresión «sin blanca» e inventa un contexto en el que puedas utilizarla.

44. ¿Qué te parece la decisión de Sancho? ¿Qué te dice del personaje? Coméntalo con tus compañeros.

Capítulo XVI

45. Lee el capítulo y escoge la opción adecuada en cada caso.
    1. Don Quijote decide irse del castillo porque…
        a. no quiere molestar más a los duques.
        b. quiere vivir nuevas aventuras.
        c. quiere volver ya a su aldea.
    2. Cuando está en la habitación de la venta, don Quijote oye…
        a. a unos caballeros hablar de la primera parte de su historia.
        b. a unos caballeros hablar de una falsa segunda parte de su historia.
        c. a alguien hablar de don Jerónimo.
    3. Después de conversar con los dos caballeros,…
        a. don Quijote decide cambiar sus planes e ir a Barcelona.
        b. don Quijote y Sancho se van a Zaragoza.
        c. don Quijote quiere pelear con don Juan en unas justas.

46. Escribe una pregunta para cada respuesta.
    a. Unos bandoleros.
    b. Para avisarlo de que don Quijote va a ir a Barcelona.
    c. Un caballero rico, amigo de Roque Guinart.

47. Vuelve a leer la reflexión sobre la libertad que hace don Quijote al principio del capítulo. ¿Qué te parece? Coméntalo con tus compañeros.

48. Busca información sobre esa segunda parte de *Don Quijote de la Mancha* que no escribió Miguel de Cervantes: ¿cuándo se publicó?, ¿qué se sabe de su autor?, ¿qué aventuras cuenta?, ¿con qué nombre se la conoce? Compártela con tus compañeros.

Capítulo XVII

49. 17 Escucha el capítulo y describe la ilustración de la página 94.

50. Lee el capítulo y escribe tres párrafos con estos elementos.

a. pasear - playa - encontrar - caballero - desafiar
b. ganar - aceptar - ir - casa - quedarse - año
c. descubrir - caballero - bachiller

Capítulo XVIII

51. Lee el capítulo y completa el resumen.

En su camino de regreso a casa, don Quijote dice a Sancho que quiere ser (a)__________. A Sancho le parece que es una (b)__________ idea. Al día siguiente el caballero le pide al escudero que se azote para desencantar a (c)__________. Sancho acepta porque don Quijote le va a (d)__________, pero da la mayoría de azotes a los (e) __________ y no a su (f)__________. Don Quijote se queda muy (g)__________ porque piensa que Dulcinea ha sido desencantada.

52. Vuelve a leer la reflexión de don Quijote sobre la suerte que está al principio del capítulo. ¿Estás de acuerdo con don Quijote? Coméntalo con tus compañeros.

Capítulo XIX

53. 19 Escucha el capítulo y describe la ilustración de la página 109.

54. Lee el capítulo y responde a las siguientes preguntas.
    a. ¿Cómo recibe su mujer a Sancho? ¿Qué le interesa?
    b. ¿Aceptan el bachiller y el cura la propuesta de don Quijote? ¿Por qué?
    c. ¿Cómo reaccionan su familia y sus amigos cuando don Quijote se despierta ya cuerdo?
    d. ¿Qué dice don Quijote sobre los libros de caballerías?

55. Comenta con tus compañeros los siguientes aspectos de la historia.
    a. ¿Te parece que los personajes son siempre iguales o que cambian a lo largo de la novela?
    b. ¿Qué te parece esta reflexión de Cervantes: «porque eso de recibir dinero quita o tranquiliza la pena que deja el muerto»?
    c. ¿Por qué no dice el autor el lugar exacto de la Mancha donde ocurre la historia?
    d. ¿Qué te parece el final de la historia? ¿Has sentido la muerte de don Quijote? ¿Por qué?

Después de leer

56. Si has leído la primera parte de la obra, repasa el índice de capítulos y las ilustraciones de las dos. ¿Cuál te ha gustado más? ¿Por qué? Coméntalo con tus compañeros.

57. Después de leer *Don Quijote de la Mancha*, ¿por qué crees que es una de las grandes obras de la literatura universal? Coméntalo con tus compañeros.

SOLUCIONES

5. Don Quijote está recuperándose en su casa, pero sigue loco, sigue creyendo en los caballeros andantes.
6. Falso: Y el otro es un caballero con dinero, pero loco. Verdadero: Y el otro es un hidalgo pobre y loco.
8. 1-c; 2-a.
10. Verdaderas: a y d.
12. a. Y Sansón no lo hace, sino que lo anima a salir; b. Don Quijote está enamorado de Dulcinea de oídas porque no la ha visto nunca; c. Y allí no consigue encontrar la casa de Dulcinea.
13. a. desconocida; b. corral; c. pared.
14. En el capítulo: que llegan hasta el edificio de la iglesia. En la actualidad: enfrentarse a alguien o a algo poderoso.
15. a. no sabe dónde vive Dulcinea; b. decirle a don Quijote que cualquier labradora es Dulcinea; c. con tres labradoras; d. Dulcinea y sus doncellas; e. Dulcinea está encantada.
16. Dulcinea: hermosa y delicada (suave, débil). Labradora: fea y ruda (dura, fuerte, sin educación).
17. La labradora corre y se monta sobre su burra, como un hombre.
18. a. durmiendo; b. señora/amada; c. beben; d. mañana.
20. a. Sancho mete unos quesos que acaba de comprar en el casco de don Quijote; b. Don Quijote y Sancho se encuentran con unos carros que llevan unos leones que el general de Orán le ha regalado al Rey de España; c. El leonero abre la jaula del león, pero este no quiere salir; d. Don Quijote decide cambiar su nombre: de Caballero de la Triste Figura a Caballero de los Leones.
21. En el capítulo: don Quijote está seguro de que puede ganar a los leones. En la actualidad: sirve para expresar que algo no nos asusta.
22. Don Quijote se queda dormido y al despertarse ve al anciano Montesinos que lo invita a acompañarlo.
23. a. ¿A qué invitan a don Quijote y a Sancho los estudiantes y labradores que se encuentran por el camino?; b. ¿Por qué don Quijote quiere ver la cueva de Montesinos?; c. ¿Qué ve don Quijote al despertarse dentro de la cueva?
25. Un río: Guadiana; unas lagunas: de Ruidera; una cueva: de Montesinos.
26. a. El río Ebro; b. Porque cree que el barco lo está invitando a empezar alguna nueva aventura; c. Hacia los molinos de agua; d. Cree que son un palacio o castillo; e. No, no se siente capaz de resolverla.
28. Sansón: el bachiller de su aldea, que ha leído la primera parte de su historia y que como Caballero del Bosque o de los Espejos ha intentado ganar a don Quijote para que vuelva a su casa; Teresa: la mujer de Sancho; el Caballero de los Espejos: el bachiller Sansón Carrasco; Montesinos: el anciano que don Quijote cree ver en la cueva; Merlín: el sabio culpable de la desgracia de Montesinos y su familia.

29. a. Don Quijote ve a la duquesa subida a un caballo blanco con silla de plata; b. El escudero le dice a don Quijote que la duquesa los invita a su casa de campo; c. Los cazadores ayudan a don Quijote y a Sancho, que se han caído del caballo y del burro; d. El duque lee libros de caballerías, aunque el religioso le dice que son un disparate.
30. a. Lo tratan muy bien, como a un caballero andante; b. Don Quijote se siente por primera vez como un verdadero caballero andante; c. Le promete ser gobernador de una ínsula.
31. a. hacerles una broma a don Quijote y a Sancho; b. cazar a un bosque; c. un mensajero vestido de diablo; d. va a venir Dulcinea y un sabio que les va explicar cómo desencantarla; e. carro con Dulcinea acompañada de Merlín; f. debe azotarse.
32. teszoa = azotes; berdornago = gobernador; zaotes = azotes; totencon = contento; quedus = duques.
33. 1-d; 2-a; 3-c; 4-b; 5-e.
34. a. no se sabe; b. verdadera; c. falsa; d. falsa.
36. a. Los duques deciden hacer una broma a Sancho y le dicen que va a ser gobernador de una ínsula; b. Antes de que Sancho se vaya, don Quijote le da unos consejos para que sea buen gobernador; c. Don Quijote le dice a Sancho que sea justo y que no sienta vergüenza de su origen; d. Don Quijote le dice a Sancho que se corte las uñas, que no beba ni duerma ni coma demasiado, que no eructe y que no diga tantos refranes; e. Sancho le pide a don Quijote que le dé los consejos escritos, aunque él no sabe leer ni escribir, porque de memoria no los va a recordar.
39. a. dinero; b. se enfada; c. médico; d. matarlo.
41. Sancho, con los dos escudos, se cae al suelo y no se puede levantar. Cuando está allí, le dan cuchilladas.
42. Sancho decide dejar de ser el gobernador de la ínsula porque no se siente capaz de seguir.
45. 1-b; 2-b; 3-a.
46. a. ¿Quiénes aparecen en el bosque donde están don Quijote y Sancho?; b. ¿Para qué escribe Roque una carta a su amigo de Barcelona? c. ¿Quién es Antonio Moreno?
49. El Caballero de la Blanca Luna gana a don Quijote y le pide que deje las armas y vuelva a su aldea.
50. a. Cuando don Quijote pasea por la playa de Barcelona, se encuentra a un caballero que lo desafía; b. El Caballero de la Blanca Luna gana y don Quijote acepta ir a su casa y quedarse allí durante un año; c. Don Antonio Moreno descubre que el Caballero de la Blanca Luna es en realidad el bachiller Sansón Carrasco.
51. a. pastor; b. buena; c. Dulcinea; d. pagar; e. árboles; f. espalda; g. contento.
53. Sancho, que está muy triste, habla con don Quijote, que está muy enfermo, y le pide que no se muera.
54. a. Parece que solo está interesada en el dinero que puede traer Sancho; b. Sí, para no discutir con él y que se quede en su pueblo y se cure; c. Se sorprenden mucho y creen que no está curado; d. Que son la causa de su locura.

NOTAS

Estas notas proponen equivalencias o explicaciones que no pretenden agotar el significado de las palabras y expresiones siguientes, sino aclararlas en el contexto de *Don Quijote de la Mancha II.*

m.: masculino, *f.:* femenino, *inf.:* infinitivo.

1 **barbero** *m.:* hombre que se dedica a cortar y arreglar el pelo, la barba y el bigote. En aquellos tiempos, además, realizaban algunos cuidados médicos.
2 **ama** *f.:* **criada** (ver nota 23) principal de una casa.
3 **hidalgo** *m.:* noble (que tiene un título dado por el rey) de la clase más baja dentro de la antigua nobleza castellana.
4 **de caballerías:** relacionadas con las novelas sobre los **caballeros andantes** (ver nota 11).
5 **corte** *f.:* lugar donde vive el rey, su familia y las personas de su gobierno.
6 **el Turco:** el Imperio turco u otomano, que en el siglo XVII ocupaba una región mucho mayor que la actual Turquía.
7 **armada** *f.:* los barcos de guerra de un país.
8 **Nápoles, Sicilia y la isla de Malta:** la Monarquía Hispánica (1516-1700) gobernaba una gran región de Europa, América, norte de África y Filipinas.
9 **enemigo** *m.:* persona que está en guerra con otra.
10 **sorprenderá** (*inf.:* **sorprender**): producirá sorpresa.
11 **caballeros andantes** *m.:* los **caballeros** (ver nota 12) que buscan aventuras por el mundo. Son los protagonistas de los libros **de caballerías** (ver nota 4).
12 **caballeros** *m.:* hombres de la clase noble.
13 **Amadís de Gaula: caballero andante** (ver nota 11) protagonista del libro **de caballerías** (ver nota 4) del mismo nombre, de **autor** (ver nota 35) desconocido, escrito en castellano en el s. XIV.
14 **gigantes** *m.:* seres irreales mucho más altos y grandes de lo normal que aparecen en los cuentos.
15 **defendían** (*inf.:* **defender**): protegían a alguien de un daño o de algo peligroso.
16 **mostrenco:** inútil, tonto, y también animal sin dueño, perdido, y persona que no tiene casa.
17 **diablo** *m.:* personaje que simboliza el mal en la religión cristiana, el **enemigo** (ver nota 9) de Dios.
18 **amo** *m.:* persona a la que sirve un **criado** (ver nota 23).
19 **ínsula** *f.:* isla, en el español actual.
20 **comilón:** que come mucho.
21 **escudero** *m.:* persona que acompaña a un **caballero** (ver nota 12), le sirve y le lleva las armas y el **escudo** (ver nota 111).
22 **disparates** *m.:* cosas que se hacen o se dicen sin sentido.
23 **criado** *m.:* persona que trabaja para otra y recibe por ello dinero, comida y cama.
24 **mantearon** (*inf.:* **mantear**): levantaron en el aire con una manta.

25 **sin rodeo alguno:** de manera clara y directa.
26 **hazañas** *f.:* grandes obras.
27 **valiente:** que no tiene miedo.
28 **desgraciado:** que tiene mala suerte y le ocurren **desgracias** (ver nota 50).
29 **bachiller** *m.:* universitario.
30 **ingenioso:** inteligente.
31 **Panza:** barriga, sobre todo cuando se está gordo. Sancho Panza tiene una gran barriga.
32 **encantador** *m.:* persona con poderes sobrenaturales.
33 **Sansón:** personaje de la Biblia que era muy fuerte.
34 **se puso de rodillas** (*inf.:* **ponerse de rodillas**): puso las piernas dobladas sobre el suelo y apoyadas en las rodillas para expresar respeto.
35 **autor** *m.:* persona que inventa algo.
36 **fama** *f.:* opinión que la gente tiene de alguien.
37 **molinos** *m.:* lugares donde se fabrica la harina con los cereales.
38 **rebaños** *m.:* conjuntos de animales.
39 **galeotes** *m.:* hombres obligados a trabajar en las galeras (barcos antiguos).
40 **vizcaíno:** en aquel tiempo, vasco, nacido en cualquier provincia del País Vasco.
41 **arrieros** *m.:* hombres que llevan animales de carga de un lugar a otro.
42 **no se dejó nada en el tintero:** expresión que significa que lo dijo todo.
43 **cardenales** *m.:* manchas que se producen en la piel, generalmente por un golpe.
44 **Matusalén:** personaje de la Biblia que era muy viejo.
45 **no me llegan a la suela del zapato:** expresión que significa que son peor que yo.
46 **mozos** *m.:* chicos jóvenes.
47 **rocín** *m.:* caballo de trabajo.
48 **flaco:** delgado.
49 **ofensas** *f.:* hechos o dichos que molestan o demuestran falta de respeto.
50 **desgracias** *f.:* episodios que producen un gran dolor o daño.
51 **relinchos** *m.:* sonidos que hacen los caballos.
52 **justas** *f.:* peleas de dos **caballeros** (ver nota 12) a caballo y con **lanza** (ver nota 96) que se hacían en las fiestas.
53 **espada** *f.:* arma que corta por los dos lados.
54 **villanos** *m.:* habitantes de una población pequeña, villa o **aldea** (ver nota 67), que no son **caballeros** (ver nota 12) ni **hidalgos** (ver nota 3).
55 **malandrines:** malos.
56 **secreto** *m.:* aquello conocido solo por muy pocas personas, que no se dice a nadie.
57 **mezclada** (*inf.:* **mezclar**): puestas juntas.
58 **burro** *m.:* animal más pequeño que el caballo, con largas orejas y normalmente de color gris.
59 **dar la vuelta al mundo:** viajar por todo el mundo.
60 **moros** *m.:* personas del pueblo del norte de África que habitó gran parte de España, desde el año 711 después de Cristo hasta 1492.
61 **labrador** *m.:* persona que tiene tierras y animales, y trabaja en el campo.
62 **Tocho:** tonto, inútil.
63 **no mira con malos ojos:** expresión que significa que le gusta.
64 **condesa** *f.:* mujer del conde, noble que está por debajo del marqués y del **duque** (ver nota 65).
65 **duquesa** *f.:* mujer del duque, noble de la clase más alta.
66 **gloria** *f.:* buena **fama** (ver nota 36).
67 **aldea** *f.:* pueblo pequeño con pocos vecinos.
68 **la mujer honrada, la pierna quebrada, y en casa: refrán** (ver nota 156) que aconseja lo que antes se creía: que las buenas esposas tenían que quedarse siempre en casa.

69 **sin tener pies ni cabeza:** expresión que significa que no tiene sentido.
70 **mentecata:** no inteligente.
71 **torre** *f.:* edificio muy alto.
72 **en un abrir y cerrar de ojos:** expresión que significa rápidamente, en un instante.
73 **enterrada** (*inf.:* **enterrar**): puesta bajo tierra.
74 **se pusieron en camino** (*inf.:* **ponerse en camino**): empezaron un viaje, empezaron a moverse.
75 **damas** *f.:* mujeres de la clase noble y que acompañan a reinas, princesas o señoras y sirven en palacio o en casas importantes.
76 **corral** *m.:* zona abierta que está en la parte de atrás de las casas y que sirve normalmente para guardar animales.
77 **envidia** *f.:* tristeza, dolor o pena que produce en alguien el bien de otro.
78 **Toboso:** el pueblo entonces era pequeño, tenía unos novecientos vecinos, pero don Quijote lo ve como una gran ciudad porque allí vive Dulcinea. Recuerda que puedes consultar los lugares que se nombran en la novela en el mapa de página 6.
79 **a pierna suelta:** expresión que significa dormir muy profundamente.
80 **con la iglesia hemos topado:** esta expresión se ha hecho popular para decir que algo o alguien con poder no nos deja realizar lo que queremos.
81 **tengamos la fiesta en paz:** expresión que sirve para pedir a alguien que no dé motivos para empezar una pelea.
82 **de oídas:** hacer o saber algo porque lo has oído o alguien te lo ha dicho.
83 **alma** *f.:* centro del ser humano que en la religión cristiana nunca muere.
84 **loco de atar:** muy loco.
85 **doncellas** *f.:* mujeres vírgenes.
86 **palo** *m.:* trozo alargado de madera.
87 **canalla:** mala persona y de inferior clase social.
88 **Vandalia:** nombre que en la literatura se daba a Andalucía.
89 **ingrata:** que olvida los regalos que ha recibido.
90 **confesar:** decir algo que se había mantenido en **secreto** (ver nota 56). En la religión católica, decírselo al cura.
91 **bota** *f.:* bolsa pequeña de cuero, con forma de pera, que sirve para llevar vino.
92 **singular:** cuando la **batalla** (ver nota 93) es cuerpo a cuerpo se habla de *singular batalla*.
93 **batalla** *f.:* gran pelea.
94 **aguileña:** que se parece a la de un pájaro.
95 **verrugas** *f.:* bolitas redondas que pueden aparecer en la piel.
96 **lanza** *f.:* arma formada por un **palo** (ver nota 86) largo que termina en una punta de hierro cortante como un cuchillo.
97 **hacerse cruces:** dibujar cruces imaginarias con la mano sobre el cuerpo.
98 **Cecial:** pescado seco y salado.
99 **vengar:** responder de la misma manera a una **ofensa** (ver nota 49) o daño.
100 **pastores** *m.:* personas que cuidan animales, sobre todo ovejas, al aire libre.
101 **carro** *m.:* vehículo de ruedas movido por animales.
102 **banderas** *f.:* trozos de tela con colores o dibujos que simbolizan un país, ciudad o grupo.
103 **cerebro** *m.:* centro nervioso que hay dentro de la cabeza.
104 **sudo** (*inf.:* **sudar**): echo líquido por la piel.
105 **carretero** *m.:* persona que conduce un **carro** (ver nota 101).
106 **mulas** *f.:* animales, hijas de **burro** (ver nota 58) y yegua (hembra del caballo) o de caballo y burra.
107 **jaula** *f.:* caja hecha con **palos** (ver nota 86) para encerrar animales.
108 **¿Leoncitos a mí?:** esta expresión se ha hecho popular para decir que una persona no siente miedo ante un peligro.

109 **lágrimas** *f.:* gotas que salen de los ojos cuando lloramos.
110 **uña** *f.:* parte dura que sale al final de cada dedo.
111 **escudo** *m.:* arma que se toma por un brazo y sirve para proteger el cuerpo.
112 **de par en par:** expresión que significa abierta totalmente.
113 **lengua** *f.:* músculo que hay dentro de la boca y que movemos para poder hablar.
114 **cueva** *f.:* agujero grande que está debajo de la tierra. Recuerda que puedes consultar los lugares que se nombran en la novela en el mapa de página 6.
115 **Montesinos:** personaje, al igual que los demás que aparecen en este capítulo (Durandarte, Belerma, etc.), de un poema popular de origen francés.
116 **lagunas** *f.:* lagos pequeños. Recuerda que puedes consultar los lugares que se nombran en la novela en el mapa de página 6.
117 **cuerdas** *f.:* trozos largos y fuertes que se usan para atar algo o a alguien.
118 **dueña** *f.:* mujer mayor que manda sobre los demás empleados de una casa importante.
119 **Merlín:** sabio **encantador** (ver nota 32) personaje de las historias del rey Arturo de Gran Bretaña.
120 **sepulcro** *m.:* obra de piedra que se construye levantada del suelo para **enterrar** (ver nota 73) a los muertos.
121 **reales** *m.:* monedas de plata de aquel tiempo.
122 **venta** *f.:* lugar donde antiguamente se podía dormir y comer. Las ventas estaban cerca de los caminos por donde pasaban los viajeros.
123 **embarcarme** (*inf.:* **embarcar**): subirme a un barco para viajar en él.
124 **temblar:** mover el cuerpo con movimientos breves y rápidos cuando se tiene frío o miedo.
125 **cobarde:** que tiene miedo, que no es **valiente** (ver nota 27).
126 **ceremonias** *f.:* actos que siguen determinadas reglas.
127 **se enredó** (*inf.:* **enredar**): se quedó cogido con algo.
128 **la flor y nata:** lo mejor de su clase.
129 **merece** (*inf.:* **merecer**): es justo recibir algo.
130 **cuerdos:** no locos, sanos.
131 **azotes** *m.:* golpes dados con unas **cuerdas** (ver nota 117).
132 **cuerno** *m.:* hueso que tienen algunos animales en la cabeza y que se puede utilizar como instrumento musical de viento.
133 **desmayado** (*inf.:* **desmayar**): perdido el sentido, generalmente ante una situación de enfermedad o peligro.
134 **trono** *m.:* silla especial donde se sientan los reyes.
135 **ninfa** *f.:* diosa menor, joven y hermosa que vive en los bosques, selvas y aguas.
136 **posaderas** *f.:* culo.
137 **cruel:** que le gusta hacer daño.
138 **tapaban** (*inf.:* **tapar**): ponían algo encima.
139 **castigo** *m.:* pena que se pone a alguien por algo que ha hecho mal.
140 **convirtió** (*inf.:* **convertir**): cambió su aspecto por otro distinto.
141 **mona** *f.:* animal hembra mamífera muy parecida al hombre que pasa mucho tiempo en los árboles y puede andar sobre dos patas.
142 **manchego:** nacido en la Mancha.
143 **máquina** *f.:* objeto que ha sido fabricado por el hombre para realizar algún trabajo.
144 **fuelles** *m.:* objetos que sirven para tomar el aire del exterior y echarlo con fuerza en una dirección.
145 **segunda región del aire** *f.:* en el pensamiento de aquel momento, el espacio entre la Tierra y la Luna estaba dividido en cuatro regiones: la del aire, la del frío, la del agua y la del fuego.
146 **cola** *f.:* parte final alargada que sale de la zona de atrás de algunos animales.

147 **cohetes tronadores** *m.:* objetos que cuando se encienden, hacen mucho ruido. Se suelen usar en fiestas populares.
148 **las siete cabrillas** *f.:* nombre popular del grupo de estrellas llamadas las Pléyades.
149 **insulanos:** habitantes de una **ínsula** (ver nota 19).
150 **como agua de mayo:** expresión que significa esperar algo o a alguien con muchas ganas.
151 **sin más ni más:** expresión que significa sin ninguna razón o explicación.
152 **emperadores** *m.:* personas que gobiernan imperios (estados de gran extensión e importancia política y económica).
153 **compasivo:** que siente pena por las **desgracias** (ver nota 50) de los demás.
154 **justicia** *f.:* aquello que debe hacerse por ley y por derecho.
155 **eructar:** echar con ruido por la boca los gases del estómago.
156 **refranes** *m.:* frases de tradición popular que suelen llevar un consejo o una enseñanza.
157 **juzgado** *m.:* lugar donde trabaja el juez.
158 **báculo** *m.:* **palo** (ver nota 86) largo que sirve de ayuda para caminar.
159 **jurar:** prometer algo delante de Dios u otra cosa.
160 **Salomón:** rey de Israel, famoso por ser siempre sabio y justo al gobernar.
161 **Tirteafuera:** la expresión *Tirte afuera* significaba *¡Vete!*, y se utilizaba contra la mala suerte.
162 **Universidad de Osuna:** universidad menor en la que nunca se pudo estudiar Medicina.
163 **galápago** *m.:* reptil de mar o de tierra de cuatro patas. Su cuerpo está protegido por dos tapas duras.
164 **cuchilladas** *f.:* golpes de cuchillo o **espada** (ver nota 53).
165 **libertad** *f.:* el ser libre, el poder hacer o no hacer algo, o elegir la forma de hacerlo.
166 **sin blanca:** expresión que significa sin dinero. La *blanca* era una moneda antigua.
167 **segunda parte de *Don Quijote de la Mancha:*** falsa segunda parte de la obra de Cervantes conocida como *El Quijote de Avellaneda*. Se publicó en 1614, cuando Cervantes todavía estaba escribiendo la segunda parte del verdadero *Quijote*. El libro aparecía firmado por Alonso Fernández de Avellaneda, pero no se sabe con seguridad el verdadero nombre de su **autor** (ver nota 35).
168 **bandoleros** *m.:* ladrones que robaban en los caminos o lugares despoblados.
169 **lengua catalana** *f.:* lengua o idioma que se habla en Cataluña y en otras tierras del antiguo Reino de Aragón.
170 **Roque Guinart:** Perot Roca Guinarda (o Rocaguinarda) fue un histórico y famoso **bandolero** (ver nota 168) de Cataluña.
171 **desafío** *m.:* llamada a **batalla** (ver nota 93) o pelea.
172 **visera** *f.:* parte del casco que protege la cara.
173 **honra** *f.:* respeto, buena opinión y **fama** (ver nota 36) que una persona ha conseguido. En época de Cervantes era algo muy importante que no se debía perder.
174 **mesón** *m.:* lugar donde antiguamente se podía dormir y también se servían comidas y bebidas.
175 **vencimiento** *m.:* el ser ganado por alguien en una pelea o **batalla** (ver nota 93).
176 **condado** *m.:* tierras sobre las que manda un **conde** (ver nota 64).
177 **armadura** *f.:* traje de hierro con el que se visten los **caballeros** (ver nota 12) desde la cabeza hasta los pies para protegerse en las **batallas** (ver nota 93).
178 **darle tiempo al tiempo:** expresión que significa que hay que saber esperar el tiempo necesario para que las cosas ocurran.
179 **testamento** *m.:* documento legal donde una persona dice a quién o a quiénes va a dejar todo lo que tiene cuando muera.
180 **escribano** *m.:* persona que tiene como oficio decir si un documento es o no es verdadero.
181 **Quijana:** en la época es normal que un apellido sea femenino como el nombre al que acompaña.